für den elsässischen Teil
meiner Familie

Anton Ottmann, geb. 1945 in Heidelberg. Promovierter Erziehungswissenschaftler. Pensionierter Lehrer für Mathematik und Physik, verfasst seit über 30 Jahren Arbeitsmaterialien, Artikel und Bücher zur Pädagogik und Mathematikdidaktik. Bisher erschienen sind die Erzählbände *„Weihnachten heute"* (1996), *„Die Pariserin"* (2004) sowie *„Weihnachten ist jedes Jahr"* (2007, 2009). Ausgezeichnet beim Mundartwettbewerb 2007 (2. Preis) und 2009 (1. Preis) des Arbeitskreises Heimatpflege.

Anton Ottmann

Geschichten aus Baden und dem Elsass

* Die Jahreszahlen geben den Zeitraum an,
in dem die Geschichte spielt.

Bibliografische Information Der Deutschen Bibliothek
Die Deutsche Bibliothek verzeichnet diese Publikation in der
Deutschen Nationalbibliografie; detaillierte bibliografische Daten
sind im Internet über http://dnb.ddb.de abrufbar.

Titel unter Verwendung eines Fotos von www.photocase.de

Lindemanns Bibliothek
Literatur und Kunst im Info Verlag, Band 79
Info Verlag GmbH · Käppelestraße 10
76131 Karlsruhe · Germany
www.infoverlag.de

ISBN 978-3-88190-554-1

„Schwowe" ist im Elsässischen das Synonym für „Deutsche"

Gaulsknoppel und Kuhplatscher

(1950)

Ein Jahr nach dem Einzug „der Flüchtlinge" in ein kleines Dorf im Kraichgau hatte Anneliese Wipfler der Frau Rieger, die mit ihrem Sohn Adolf unter dem Dach wohnte, ein Stück ihres Garten abgetreten. Ihre Großzügigkeit bereute sie aber bald, als sie sah, dass bei ihrer Untermieterin die Kartoffeln, Bohnen, Karotten und Zwiebeln viel schöner wuchsen als bei ihr. „Kein Wunder", dachte sie, „die ‚Sauteufel' liegen ja Tag und Nacht auf der Lauer und holen die Kuhplatscher und Gaulsknoppel von der Straße, kaum dass die Kuh oder der Gaul sie haben fallen lassen."

Eines Tages stellte Anneliese sie zur Rede: „Frau Rieger, so geht das nicht, die Gaulsknoppel und Kuhplatscher vor dem Haus stehen allen Hausbewohnern zu."

„Na und", gab diese frech zurück, „warum sammeln sie diese dann nicht selbst ein?"

„Das ist jetzt die Höhe. Bis ich Besen und Schaufel geholt habe, ist ihr Adölfchen schon auf der Straße."

„Wir könnten uns doch einigen", lenkte Frau Rieger ein. „Sie sammeln bis zum 12-Uhr-Läuten und wir sind dran bis es dunkel wird."

Anneliese stimmte dem schnell zu, weil sie beobachtet hatte, dass die Viecher, die morgens frisch vom Stall kamen, sich meistens vor ihrem Haus erleichterten.

Eines Tages sah Anneliese vom Küchenfenster aus, dass vor der gegenüber liegenden Schule gerade der neue Lehrer und seine Frau vom Leiterwagen des Bauern Oswald klettern. In dem Moment hoben die beiden Pferde die Schweife und drückten einträchtig einen Bollen nach dem anderen heraus. „Das gibt vier Schaufeln voll", dachte sie und holte schnell Schaufel, Kehrwisch und Eimer. Da kam auch schon das Adölfchen die Treppe herunter gestürzt. „Halt", schrie sie, „das sind meine Knoppel!"

Der Junge ließ sich nicht aufhalten: „Nein, die gehören uns." Und vom Treppenabsatz oben tönte die hysterische Stimme seiner Mutter: „Frau Wipfler, es ist fünf Minuten nach zwölf Uhr, die Glocken haben eben aufgehört zu läuten."

Zornig ging Anneliese zurück in ihre Küche und knallte lautstark die Türe zu. „So ein undankbares Volk", schimpfte sie vor sich hin, „für die kann man machen, was man will, da kommt einfach nichts zurück."

Eines Morgens traf Anneliese den Lehrer auf der Straße. Er hatte genau wie sie Schaufel, Kehrwisch und Eimer in der Hand.

„Was machen Sie denn da?", fragte sie erstaunt.

„Das sehen Sie doch, ich sammle Mist für meinen Garten."

Die Knoppel lagen auf seiner Straßenseite, eine weitere Diskussion war überflüssig.

Von da an lag sie auf der Lauer. Zwei Tage später erwischte sie dann den sauberen Herrn, wie er vor ihrem Haus, mit zufriedenem Lächeln und elegantem Schwung einen Platscher auf die Schaufel hob. Sie rannte schnell hinaus und baute sich vor ihm auf: „Herr Lehrer, was Sie da machen, ist nicht recht."

„Wie meinen Sie das?"

„Die Knoppel stehen Ihnen nur bis zur Mitte der Straße zu."

„Und wer sagt das?"

„Aber Herr Lehrer, das war doch schon immer so."

„Das interessiert mich nicht."

Anneliese kochte vor Wut, rannte schnurstracks ins Haus und hoch zur Frau Rieger. Die hörte sich die Geschichte an und gab ihr schließlich recht: „Wo kämen wir denn da hin, wenn jeder einsammeln würde, wo es ihm einfällt. Wir beschweren uns beim Bürgermeister."

„Alle Achtung, da wäre ich nicht drauf gekommen. Die Flüchtlinge sind doch nicht so blöd", dachte Anneliese.

„Herr Lehrer", eröffnete der Bürgermeister die Sitzung des örtlichen Friedensgerichtes, „die beiden Damen hier, Frau Wipfler und Frau Rieger, führen Beschwerde über Sie. Von alters her ist es bei uns üblich, dass jeder vor seinem Haus die Gaulsknoppel und Kuhplatscher zwecks Düngung seines Gartens einsammeln darf. Dieses Recht gilt bis auf die Mitte der Straße, genau wie die Kehrpflicht. Nun behaupten die beiden, dass Sie sich nicht an diese Vorschrift halten. Was sagen Sie dazu?"

„Herr Bürgermeister, das ist alles Quatsch, zum Lachen ist das. Die Straße ist öffentlich, jeder darf sie benutzen und jeder darf den Mist aufsammeln, wo es ihm gefällt."

„Herr Lehrer", mischte sich da Frau Rieger ein, „wenn Sie auf der Straße einen Zehn-Mark-Schein finden, wem gehört der?"

„Dem Eigentümer", gab dieser schlagfertig zurück.

„Wenn das so ist", meinte da der Beisitzer vom Friedensgericht, der Bauer Oswald, „dann habe ich auch etwas dazu zu sagen: Das, was meine Pferde fallen lassen, gehört also mir. Und wenn ich es nicht selbst einsammle, verzichte ich darauf, ist das richtig?"

Nachdem rundum zustimmend genickt wurde, fuhr er fort: „Ehrlich gesagt, mir ist es scheißegal, wer den Mist einsammelt, ich habe zu Hause genug davon."

„Oswald", regte sich der Bürgermeister auf, „das ist dummes Geschwätz, irgendwie muss die Sache geregelt werden, also gehen wir nach dem Gewohnheitsrecht."

Plötzlich grinste der Lehrer breit über das ganze Gesicht. „Also meine Damen und Herren, ich halte das ganze ja für Unfug. Aber vielleicht gibt es eine Lösung. Wenn Sie, Herr Oswald, so viel Mist haben, bringen Sie mir einfach eine Fuhre für meinen Garten, dann können von mir aus die beiden Damen auf der ganzen Straßenbreite so viel einsammeln, wie sie wollen."

In dem Moment fiel dem Bauer Oswald blitzschnell sein Seppl ein, der beim Lehrer in die Schule ging, und stimmte ganz schnell zu: „Bürgermeister, du weißt doch, wenn ich etwas für die Allgemeinheit tun kann, bin ich immer dabei."

Den Abend haben dann alle im Gasthaus zur Sonne beim Freibier vom Bürgermeister beschlossen.

Zehn Jahre später tuckern in aller Frühe die Traktoren vor Annelieses Küchenfenster vorbei. Da muss sie manchmal an die Zeit denken, als sie mit Frau Rieger, die längst nicht mehr bei ihr wohnt, und dem Lehrer über die Gaulsknoppel und Kuhplatscher gestritten hat. Dass sich die Welt verändert hat, kann sie ja noch verstehen, aber dass man seit Neuestem die wertvolle „Suddelbrüh" von den Toiletten in die Kanalisation laufen lässt und dafür Blaukorn zum Düngen der Erdbeerpflanzen nimmt, kann sie nicht nachvollziehen. „Früher haben die Leute beim Schaffen halt doch mehr im Kopf gehabt", denkt sie, die Anneliese.

Ein elsässischer Gast

(1945)

Erna Straub rückte die Stühle um die Tische zurecht, ging zum Schanktisch, nahm ein Glas nach dem anderen und wischte es mit dem Geschirrtuch blank. Da ging die Tür auf und ein französischer Soldat in Uniform kam herein.

„Hübscher Kerl", schoss es ihr durch den Kopf. Dann aber erschrak sie: Seine Augen waren brennend, starr, irr.

Da stand er auch schon vor ihr und sprach sie auf deutsch an: „Geld her, schnell!"

Da erst nahm sie die Pistole in seiner Hand wahr. Sie lachte: „Was willst du? Geld? Das kannst du haben. Ich kann eh nichts damit anfangen."

„Reden Sie nicht. Machen Sie die Kasse auf oder ich schieße."

„Junge, Junge, du bist doch von drüben, aus dem Elsass, vielleicht kenne ich deine Mutter. Was würde die sagen, wenn sie wüsste, was du hier treibst!"

Der Soldat wurde blass, langsam ließ er die Pistole sinken.

Erna griff vorsichtig nach der Waffe und legte sie auf den Schanktisch. „Komm, setz dich und trink ein Glas Wein mit mir."

Er wusste nicht, wie ihm geschah. Er hatte sich alles so genau überlegt und dann brachte ihn diese Alte mit seiner Mutter durcheinander. In ihrer Kittelschürze, die Haare zum Knoten gebunden und mit den strengen dunklen Augen sah sie ihr auch noch ähnlich. Wortlos nippte er an seinem Glas.

Erna ließ ihn einen Moment seinen Gedanken nachhängen. „Erzähle, warum hast du das gemacht, Junge?"

Er senkte verlegen den Kopf. „Das verstehen Sie nicht. Und sagen Sie nicht immer Junge zu mir, ich heiße François."

„Gut François, was verstehe ich nicht? Ich bin auch nicht von gestern und habe schon einiges erlebt in diesem Krieg."

„Ich hasse euch Deutsche!"

„Meinst du, mir gefällt der Krieg? Vorher hatten wir immer viele Kunden von der anderen Seite. Gemütliche und lustige Leute, und wenn drüben Kirchweih war, sind wir mit dem Boot zum Tanzen gefahren. Und meine erste große Liebe war so ein junger Mann wie du, ein Elsässer. Soll ich euch jetzt auch hassen? Deine Kameraden, die uns verhungern lassen?" Es musste mal raus, all das, was sie die letzten Tage beschäftigt hatte und über das sie mit niemandem reden konnte. „Aber eines sage ich dir, wenn ich eine Tochter hätte und die Marokkaner hätten sie vergewaltigt, wie es hier im Dorf passiert ist, würdest du nicht hier sitzen." Ganz in Gedanken hatte sie nach dem Küchenmesser gegriffen, das zufällig auf dem Tisch lag.

Erschrocken wich er zurück.

Sie warf es wieder hin und strich mit der Hand ihre sowieso schon straffen Haare glatt. „Was hat der Krieg nur aus uns gemacht!"

Beide schauten in ihr Glas und hingen ihren Gedanken nach.

„Und wie bist du auf diese blöde Idee gekommen?"

Er zuckte mit den Schultern: „Als die Deutschen das Elsass besetzt haben, war das am Anfang gar nicht schlimm. Meine Eltern hatten keine schlechte Meinung von ihnen und irgendwann würden sie wieder verschwinden, meinten sie. So wie schon einmal. Dann zogen sie meinen Vater ein, er fiel im Kessel von Stalingrad. Bevor sie mich auch noch holten, flüchtete ich mit einem Freund in die Schweiz. Zwei Jahre lang habe ich das Bild meiner Freundin Jacqueline mit mir herumgetragen. Im Internierungslager bei Basel warben mich die Franzosen an. Zuerst wurde ich in Nordafrika in der französischen

Armee ausgebildet, dann ging es quer durch Frankreich. Ich schaute oft ihr Foto an. Wir hatten nichts miteinander, habe mich nicht getraut, weil ich dachte, sie ist ein anständiges Mädchen und wartet auf mich. Nach dem Krieg würden wir heiraten. Ja, und dann war ich bei der Kompanie, die in unser Dorf einmarschierte. Die Menschen standen am Straßenrand. Freunde, Schulkameraden und Nachbarn jubelten und weinten vor Freude. Ich suchte Jacqueline, aber fand sie nicht. Meine Großmutter war inzwischen gestorben und meine Mutter hatten sie nach meiner Flucht ins KZ gesteckt. Mein Cousin Richard war der letzte Verwandte im Dorf. Von ihm erfuhr ich schließlich, dass Jacqueline mit dem deutschen Lehrer ein Verhältnis hatte und ein Kind bekam. Eines Abends hat sie mich in meinem Quartier besucht. Ich habe sie fortgeschickt."

„Und was hat das mit deinem Überfall hier zu tun?"

„Ich wollte etwas Mutiges tun, mich rächen, für meine Mutter, für Jacqueline."

„Und was wolltest du mit dem Geld?"

François wurde rot. „Ich wollte", stotterte er, „ich wollte mir damit ein Mädchen kaufen."

Sie legte ihre Hand auf seine. „Junge, Junge, du brauchst dich doch nicht zu schämen. Wenn es das ist, was du brauchst, bediene dich. Ich bekomme so gut wie nichts mehr für die alten Reichsmark, aber wenn es dafür reicht, bitte!"

François liefen die Tränen herunter. Erna stand auf und drückte ihn an sich. „Was für ein Elend, ich glaube, was dir fehlt, ist vor allem eine Mutter."

„Ich will doch gar nicht ins Bordell, ich will Jacqueline", schluchzte er.

„Viele Soldaten, die Monate und Jahre von zu Hause weg sind, machen das manchmal und trotzdem lieben sie ihre Frau. Auch Frauen sind allein und einsam. Da kann man kein Urteil fällen. Für deine Jacqueline war es bestimmt auch nicht leicht, als du von heute auf morgen verschwunden bist. Hör dir doch erst einmal an, was sie zu sagen hat. Der Krieg hat so viele unschuldige Menschen zurückgelassen."

Als François gehen wollte, umarmte ihn Erna. „Lass von dir hören, ich würde mich freuen."

Ein paar Jahre später kam ein Brief:

Liebe Frau Straub,

ich bin der junge Mann, der Sie im Frühjahr 1945 überfallen hat. Mit Jacqueline habe ich dann doch geredet, wie Sie mir geraten haben. Wir trafen uns noch ein paar Mal und haben versucht, neu anzufangen, aber wir passten einfach nicht mehr zusammen. Es war zu viel passiert.

Inzwischen bin ich mit einer deutschen Frau verheiratet, die ich als Besatzungssoldat in Speyer kennengelernt habe. Wir haben eine Tochter von zwei Jahren und einen fünfjährigen Sohn und sind sehr glücklich. Ich bin hier geblieben und arbeite jetzt in der BASF. Noch ein paar Jahre und ich bin selbst ein Deutscher!

Streitkultur

(2002)

Sie: Schau mal hinter der Zeitung vor, ich will etwas
mit dir besprechen.

Er: Ich kann lesen und zuhören gleichzeitig.

Sie: Dass ich nicht lache.
Alles muss ich dir dreimal erzählen. Jetzt hör mal zu!

Er: Bist du mit deinem Teil schon fertig?

Sie: Die Todesanzeigen habe ich gelesen.
Es ist niemand dabei, den wir kennen.

Er: Ist das alles, was dich interessiert?

Sie: Wenn ich nicht jeden Tag nachschaue, würdest du
Weihnachtskarten an Leute verschicken, die gestorben
sind.

Er: Jeden Morgen das Gleiche: „Es hat den alten Herrn
Maier erwischt." Oder: „Das hätte ich nicht gedacht,
dass das Mariechen so alt geworden ist." Man könnte
meinen, es gäbe keinen größeren Spaß als zu sterben.

Sie: Es ist schon ein schönes Gefühl, wenn du nicht selbst
dabei bist. Aber – könntest du mal im Horoskop
nachsehen, ob wir diese Woche im Lotto gewinnen?

Er: Davon steht nichts drin. Aber, dass ich Glück in
der Liebe habe.

Sie: Wenn du mich weiter so aufregst, mit mir nicht!
Das kann ich dir versprechen.

Er: Dann halt mit einer anderen.

Sie: Da muss ich aber lachen.
Wer soll dich alten Simpel wollen?

Er: In meinem Alter hat schon mancher seine Frau
gegen eine jüngere eingetauscht.

Sie: Aber nicht mit deiner Rente und deinen Marotten.
Da musst du schon etwas mehr zu bieten haben.
Außerdem habe ich gestern gelesen, dass „reife Frauen
bei jüngeren Männern große Chancen haben".

Er: Was willst denn du mit einem Jungen anfangen?

Sie: Das Gleiche wie du. Der würde mir vielleicht auch
einmal Blumen mitbringen und ich müsste mir nicht
dauernd anhören, dass ich mir die selbst im Garten
holen kann. So einem ist die äußere Schönheit
nicht so wichtig.

Er: Irgendwann wacht er auf und sieht eine alte Schachtel
neben sich im Bett.

Sie: Jede Frau ist schön, man muss nur richtig hinschauen.

Er: Da musst du dir aber einen suchen, der auf beiden
Augen blind ist.

Sie: Jetzt reicht es wieder, leg endlich die Zeitung weg.

Er: Ich habe mir einmal vorgestellt, wenn ich Rentner bin,
kann ich morgens ganz in Ruhe meine Zeitung lesen.
Aber das Gegenteil ist der Fall. Seit ich daheim bin,
fängt es gleich nach dem Frühstück an: „Du könntest
den Mülleimer leeren, könntest den Hof kehren,
könntest Einkäufe machen. Der Keller müsste auch
mal wieder aufgeräumt werden, das Auto in die Inspek-
tion gebracht, das Schlafzimmer frisch gestrichen und
die Schrauben am Küchentisch angezogen werden."
Ich frage mich, wer das früher alles gemacht hat.

Sie: Wahrscheinlich hatte ich einen Liebhaber,
der das alles aus Dankbarkeit erledigt hat.

Er: Ich glaube eher, du machst ab und zu heimlich
etwas kaputt, damit es mir nicht langweilig wird.

Sie: Genauso wird es sein.

Er: Kann ich jetzt weiterlesen?

Sie: Nein, das kommt nicht in Frage. Wenn ich jetzt
ins Bad gehe, verkrümelst du dich und ich sehe dich
erst wieder zum Mittagessen.

Er: A propos Bad, ich weiß auch nicht, was du da immer
so lange zu tun hast. Von den vielen Salben wirst
du auch nicht schöner.

Sie: Womit wir wieder mal beim Thema wären. Wenn
ich dir nicht mehr gefalle, such dir halt eine andere.

Er: Jetzt reg dich wieder ab, ich weiß doch, dass ich so
eine wie dich nicht mehr finde. Wer kann heute noch
Schnorrgickel, Grießknöpfe und Dampfnudel kochen?
Und dein Hefezopf, der ist einmalig.

Sie: Klar, bei den alten Männern muss man sich damit ab-
finden, dass die Liebe nur noch durch den Magen geht.
Aber könnten wir jetzt mal vom Wochenende reden?

Er: Warum, ist da etwas Besonderes?

Sie: Du hast schon wieder alles vergessen. Tanja kommt
doch mit den Kindern.

Er: Und unser Schwiegersohn hat mal wieder keine Zeit?

Sie: Habe ich das gesagt?

Er: Drück dich halt präzise aus. Immer muss ich mir die
Hälfte von dem, was du sagen willst, selbst ausdenken.

Sie: Mein Gott, muss ich so blöde Diskussionen mein
restliches Leben aushalten?

Er: Nein, da bin ich mir ganz sicher. Hier steht in der
Zeitung, „die Lebenserwartung der Frauen liegt sechs
Jahre höher als die der Männer." Und das ist bloß der
Durchschnitt, das heißt, wenn die Frau so plagt wie du,
geht's noch schneller. Also, richt' dich darauf ein, bald
bist du mich los. – Gerade hat's geläutet.

Sie: Na und, das wird eh für dich sein.

Er: Deswegen kannst du trotzdem die Türe aufmachen.

Sie: Warum immer ich? Hast du schon bemerkt, dass wir im
Zeitalter der Gleichberechtigung leben?

Er: Aber du sitzt doch viel näher dran. Jetzt geh schon, es hat schon wieder geläutet.

Sie: Ich sehe nicht ein, dass immer ich die Dumme bin.

Er: Du wolltest doch den Platz, damit du nicht so weit zum Herd hast.

Sie: Ab morgen darfst du kochen. So oft, wie du den Köchen im Fernsehen zuschaust, musst du es langsam können.

Er: Jetzt ist er weg.

Sie: Wer?

Er: Das weiß ich doch nicht.

Sie: Du gehst mir auf den Wecker mit den Diskussionen. War das schön, als du noch arbeiten gegangen bist.

Er: Da muss ich dir ausnahmsweise recht geben. Was meinst du, warum ich morgens so lange Zeitung lese?

Sie: Weil du nichts zu tun hast.

Er: Das ist mal wieder typisch. Gut, ich suche mir einen Job, dann kannst du zu Hause machen, was du willst.

Sie: Und, hast du schon was gefunden?

Er: Du wirst lachen, ich bin Dozent an der Volkshochschule.

Sie: Ausgerechnet du, du kannst doch niemand was beibringen.

Er: Täusch dich da mal nicht. Der Andrang ist so groß, dass ich den Kurs zweimal halten muss.

Sie: Also, ehrlich, das kann ich mir nicht vorstellen.

Er: Da kann man sehen, dass du meine wahren Fähigkeiten noch gar nicht erkannt hast.

Sie: Und was soll das für ein Kurs sein?

Er: „Streitkultur im Rentnerleben." Untertitel: „Erfahrener Rentner verrät rhetorische Tricks und Tipps."

Sie: Ah, jetzt weiß ich, warum du die letzten Wochen wegen jedem Mist mit mir rumgestritten hast.

Er: Ja, da hab' ich Erfahrungen für meinen Kurs gesammelt.

Sie: Eigentlich sollte ich mich darüber aufregen. Aber wenn ich auf diese Weise öfter mal meine Ruhe habe, soll es mir gerade recht sein.

Ein badischer Elsässer

(1945)

Rudolf Holzwarth stand wie jeden Morgen erschöpft und hungrig in der Reihe. Irgendwann würden sie ihn in die Krankenbaracke tragen, und von da waren bisher die wenigsten zurückgekommen. In diesem Moment riss ihn das Wort „Elsass" aus seiner Lethargie – „Alle Elsässer raustreten!"

Später hätte Rudolf nicht mehr genau sagen können, warum er spontan die drei Schritte nach vorne gemacht hatte. Der Kommandant kam auf ihn zu: „Du kennen de Gaulle?"

Rudolf nickte: „Französischer General."

„Weiter", der Kommandant bohrte ihm den Zeigefinger in die Brust.

Rudolf wurde es warm. Was war de Gaulle noch? „Chef der Exilregierung."

Der Druck des Fingers wurde stärker. „Falsch, de Gaulle ist Regierungschef von legitimer Regierung. Du mitkommen", er drehte sich auf dem Absatz um.

„Dawei", ein Wachsoldat stieß ihn vorwärts.

In der Schreibstube blätterte der russische Offizier in seiner Akte. „Du bist in Breisach geboren, das ist doch in Deutschland?" Er schaute fragend hoch.

„Nein, in Breisach im Elsass, auf der anderen Seite des Rheins. Das war vor dem Krieg französisch."

„Warum du deutscher Soldat, Nazi?"

Rudolf stöhnte innerlich. „Der kapiert überhaupt nichts."

„Ich bin in Breisach in Frankreich geboren", versuchte er es noch einmal. „Wir wurden besetzt. Die Deutschen sagen, das Elsass ist deutsch, deshalb wurden wir zur deutschen Armee eingezogen." Er nahm ein leeres Blatt und einen Bleistift vom Schreibtisch und malte eine lange Linie von oben nach unten, „das ist der Rhein." Dann einen Kreis am unteren Ende. „Das ist Basel in der Schweiz, linke Seite Elsass, rechte Seite Deutschland." Mittendrin zeichnete er noch einen großen und einen kleinen Kreis: „Das ist Breisach in Deutschland und das ist Breisach in Frankreich." Außerdem zeichnete er Straßburg, Colmar und die Vogesen ein und machte einen großen Bogen um das Ganze. „Das ist das Elsass, wir sprechen deutsch und französisch. Die Deutschen sagen, wir sind deutsch, die Franzosen, wir sind französisch." Er fasste mit der Hand ans Herz, „hier sind wir Franzosen."

Der Kommandant rief nach seiner Sekretärin, die ihm ein Formular auf den Schreibtisch legte. „Ministerium suchen für de Gaulle Elsässer." Der Kommandant unterschrieb, knallte einen Stempel drauf und grinste Rudolf breit an. „Du frei."

Nun ging alles sehr schnell. Unter den wachsamen Augen eines russischen Aufsehers räumte er seine Habseligkeiten zusammen. Auf dem Hof wartete ein Lkw mit laufendem Motor. Die Fahrt endete am Bahnhof einer Kleinstadt. Dort führte ihn ein Unteroffizier an das Ende des Bahnsteigs zu etwa zwanzig weiteren Gefangenen, die verschmutzt, krank und verlaust herumstanden oder dösend dahockten. Links und rechts hörte Rudolf den ihm so bekannten Dialekt, manche sprachen auch französisch. „Das sind alles Elsässer! Was passiert, wenn die merken, dass ich keiner von ihnen bin?" Er setzte sich etwas abseits auf seinen Rucksack und drückte die Mütze ins Gesicht.

Gegen Abend erschien ein Offizier und ließ sie antreten, Rudolf hoffte inständig, dass ihn keiner ansprach. In gebrochenem Deutsch wurde ihnen erklärt, dass sie mit dem Zug zunächst nach Tambow in ein Sammellager kämen, bevor man sie weiter nach Frankreich schickte. Dann wurden Zigaretten ausgeteilt. Rudolf steckte seine ein. Er rauchte nicht, würde sie aber zum Tauschen brauchen. Eine Stunde später kamen zwei Frauen mit einem Kessel wässriger Suppe und einer Scheibe Brot für jeden.

Plötzlich wurde es auf dem Bahnsteig lebendig. Befehle wurden laut. Eine Dampflok mit mehreren Waggons stampfte mit Getöse in den Bahnhof. In den vorderen Wagen stiegen Zivilisten aus und ein, ganz normale Leute. Die Kriegsgefangenen, es waren inzwischen über vierzig, wurden zum Viehwagen am Ende des Zuges geleitet. Sie fuhren die ganze Nacht und den nächsten Tag durch die immer gleiche eintönige Landschaft, manchmal standen sie stundenlang auf einem Nebengleis, einige Male wurden sie an einen anderen Zug angehängt. Schnell hatten sich kleine Gruppen gebildet, die von zu Hause erzählten und mit selbst gebastelten Karten spielten.

Am zweiten Tag setzte sich ein Colmarer zu ihrer Gruppe. Als er Rudolf sprechen hörte, fragte er: „Deinen Dialekt kenn ich nicht, wo kommst du her?"

Rudolf sagte rasch: „Aus Breisach!"

„Aber nicht aus Neuf-Brisach."

„Der ist aus Alt-Breisach", meinte ein anderer.

Rudolf war blass geworden. Also wussten sie, dass er nicht aus dem Elsass kam.

„Dann ist er ja ein Schwob!"

Die ganze Runde lachte. Einer sagte: „Na und, der ist wie wir im Dreck gelegen. Früher war ich oft drüben in Alt-Breisach."

„Was ist, spielen wir weiter?", meinte ein anderer, der nur kurz von seinen Karten hochgeschaut hatte.

Rudolf konnte es nicht glauben. Alle hatten es gewusst und keiner hatte ihn verraten, es schien ihnen nicht einmal besonders wichtig zu sein.

In Tambow fiel Rudolf nicht auf, hier waren Belgier, Franzosen, Luxemburger und Deutsche bunt zusammengewürfelt. Ausländische Nazis, die freiwillig in die Deutsche Armee eingetreten waren, genauso wie zwangsrekrutierte Elsässer oder ehemalige französische Fremdarbeiter. Eines Tages wurden die rund 1.000 hier im Lager zusammengezogenen Elsässer zu einem langen Zug mit offenen Waggons gebracht. Ihnen wurde versichert, dass es jetzt endgültig nach Frankreich gehe. Auf der langen Fahrt frischte Robert seine Schulkenntnisse in Französisch auf. Sie überquerten die Wolga, in Polen die Oder. In Seelow, der ersten deutschen Stadt, ermunterte ihn Werner, mit dem er sich angefreundet hatte, abzuhauen und sich so durchzuschlagen. Auf dem Bahnsteig patrouillierten aber zu viele russische Soldaten. Ohne gültige Entlassungspapiere würde er es nie bis nach Hause schaffen, das wurde ihm schnell klar.

In der folgenden Nacht fuhren sie durch Berlin. Alle drängten sich an die offenen Türen. Links und rechts im Mondlicht sahen sie eine gespenstische menschenleere Ruinenlandschaft. Wie konnte man hier überleben?

Vorerst endgültiger Halt war in Kevelaer nahe der holländischen Grenze, letzte Chance für eine Flucht. Aber ohne Papiere traute er sich wieder nicht. Er blieb lieber bei der Gruppe, bei der er sich relativ sicher fühlte.

Nach drei Tagen ging es endlich weiter, über Holland und Belgien nach Valenciennes. Die erste französische Stadt, alle jubelten. Der Bahnsteig war schwarz von Menschen. Unbekannte Frauen fielen ihnen um den Hals. Helferinnen vom Roten Kreuz verteilten halbe Baguettes, Wurst und Wein. Die meisten der Ankömmlinge weinten. Endlich zu Hause!

Eine Stunde später ging es weiter. In der Nacht fuhren sie in den Gare de l'Est in Paris ein. Wieder Trauben von Menschen. Viele wollten wissen, woher sie kämen, fragten nach Angehörigen, Männern, Söhnen. Da kamen französische Soldaten in adretten sauberen Uniformen und verschlossenen Mienen und übernahmen sie. Vor dem Bahnhof ließ man sie antreten, dann wurden sie auf Busse verteilt. Sie fuhren durch das dunkle und menschenleere Paris, ab und zu kam ihnen ein Militärlastwagen entgegen. Wieder ein Lager, mitten im Grünen, eingezäunt und bewacht. Sie bekamen Suppe, mussten dann auf dem Boden schlafen, Ausgehverbot. Was kam da auf sie zu? Rudolf konnte den ungebrochenen Optimismus seiner Kameraden nicht teilen.

Am nächsten Morgen saß er vor einem müde aussehenden Zivilisten, daneben ein Offizier der Militärpolizei und eine Frau in Uniform. „Ihr Name", wurde er sachlich und unpersönlich gefragt. Dem Beamten war anzusehen, dass er die Prozedur langsam satt hatte.

„Rudolf Holzwarth."

„Dienstgrad?"

„Obergefreiter."

„Geburtsdatum und Ort?"

„Zwanzigster Juli 1922 in Neu-Breisach."

„Wann wurden Sie eingezogen?"

„Am ersten Februar 1943."

„Wo sind Ihre Papiere?"

„Die haben mir die Russen abgenommen."

„Waren Sie in der NSDAP?"

„Nein."

„Waren Ihre Eltern in der NSDAP?"

„Mein Vater arbeitete bei der Bahn. Da musste er in die Partei eintreten."

Die Frau lächelte bitter. „Ja, ja, die Elsässer, keiner war Nazi, alle im Widerstand."

So ging es noch eine ganze Weile weiter. Dass er nicht gut französisch sprach, störte niemanden. Er war mittlerweile schweißgebadet. Plötzlich hielt er es nicht mehr aus. „Ich bin kein Elsässer", platzte er heraus. „Ich bin aus Alt-Breisach, die Russen haben mich versehentlich freigelassen."

Der Zivilist, vor dem Krieg Geschichtslehrer, hatte die ganze Zeit in seinen Akten geblättert. Er schaute plötzlich interessiert hoch. „Das war gar nicht so falsch. Die Russen kennen sich aus in der Geschichte. Breisach ist eine alte elsässische Stadt."

„Ich meine Alt-Breisach."

„Ich auch. Wissen Sie nicht, dass Ludwig XIV. dort von seinem berühmten Baumeister Vauban eine Festung bauen ließ?"

„Was machen wir jetzt mit ihm? Zeigen Sie mal Ihren Entlassschein!", unterbrach der Offizier. „Soweit ich verstehe, wurde er von den Russen als Kriegsgefangener entlassen und nach dem Alliiertenabkommen kann er von uns nur wieder festgesetzt werden, wenn er wegen eines Kriegsverbrechens angeklagt wird."

„In der Liste steht er auf jeden Fall nicht", mischte sich die Frau ein. „Ich glaube, er ist in Ordnung."

Der Offizier stand auf: „Hier haben Sie einen Entlassschein nach Frankreich. Gehen Sie damit zur Zahlstelle und lassen sich Geld und eine Fahrkarte geben. Sie sind frei." Rudolf stand auf und reichte ihm die Hand. „Danke." Die anderen nickten, „der nächste."

Nachdem er sich beim Roten Kreuz frische Kleidung besorgt hatte, nahm Rudolf mit einigen Kameraden, die den gleichen Weg hatten, den nächsten Zug nach Straßburg.

Am achten Oktober 1945 betrat Rudolf mit klopfendem Herzen die Behelfsbrücke vom französischen Neuf-Brisach zum deutschen Alt-Breisach. Die Wachposten schauten gelangweilt auf den Fluss und unterhielten sich, ihre Gewehre hatten sie lässig umgehängt.

An der Zollbaracke zeigte Rudolf seinen Entlassschein.

„Ausweis", wurde er aufgefordert.

„Habe ich nicht. Der ging verloren."

Der Beamte ging zu seinem Kollegen und zeigte ihm den Schein.

„In welchem Lager waren Sie?"

Da blieb ihm nichts anderes übrig, als die Wahrheit zu sagen. „Ich war Gefangener in Russland und bin mit dem Transport von Tambow nach Paris gekommen. Dort wurde ich von den Franzosen entlassen."

„Ah. Sie kamen mit den Elsässern, die de Gaulle aus Russland geholt hat?"

Er nickte.

„Aber Sie sind kein Elsässer", stellte der Offizier fest, „das hört man an Ihrem Dialekt. Sie sind Deutscher." Da musste er die Militärverwaltung in Colmar einschalten, das konnte er nicht entscheiden.

Nachdem er mehrmals weiterverbunden wurde, landete er schließlich beim zuständigen Oberst. Robert hörte ihn mehrmals „oui, mon colonel" sagen, wobei sein Gesicht eine immer rötere Farbe annahm. Schließlich legte er den Telefonhörer langsam und vorsichtig auf. Er rückte seine Krawatte zurecht. „Ich habe den Herrn Oberst beim Mittagessen gestört", berichtete er seinem Kollegen. „Er schrie mich an, es sei eine Frechheit, ihn wegen so einer Lappalie anzurufen. ‚Warum der Gefangene eine Freilassung hat, geht Sie einen Dreck an', genau so hat er es gesagt." Er gab Rudolf den Entlassschein zurück und nickte ohne ein weiteres Wort der Erklärung in Richtung Deutschland.

Erst als Rudolf auf der anderen Seite der Brücke war, drehte er sich noch einmal um. Er konnte gerade noch das Bürogebäude erkennen, sonst nichts. Erleichtert schaute er den Soldaten auf der deutschen Seite entgegen. Da fiel ihm fast das Herz in die Hose, es waren wieder Franzosen. Sie wiesen ihn in ein Büro, das genau so aussah wie auf der anderen Seite. Hinter der Abtrennung stand allerdings ein Deutscher in Zivil. Robert hielt ihm den Entlassschein entgegen. Der warf einen kurzen Blick darauf und lächelte. „Herzlich willkommen in der Heimat. Es sind noch nicht viele entlassene Kriegsgefangene hier durchgekommen. Kommen Sie gut nach Hause."

Mail-Verkehr (2007)

Sehr geehrte Damen und Herren,
bitte senden Sie mir: 500 Cellophanhüllen, 12 x 20 cm,
Sonderposten, 14,50 Euro, Best. Nr. 1352
Mit freundlichen Grüßen
Berthold Kamuf, freier Fotograf

Sehr geehrter Herr Kamuf,
gerne bestätigen wir Ihren Auftrag: 500 Cellophanhüllen,
12 x 20 cm, Sonderposten, 14,50 Euro, Best. Nr. 1352, zzgl. 5 Euro
Versandkosten. Rechnung geht Ihnen mit gleicher Post zu.
Mit freundlichen Grüßen
Maja Steller
Maja-Studio

Von: Maja-Studio
Datum: 3. Dezember 2008 9:15
An: Berthold Kamuf
Betreff: Rechnung

Sehr geehrter Herr Kamuf,
wir bestätigen den Eingang des Rechnungsbetrages, leider haben Sie für Versandkosten nur 1,45 Euro und nicht 5 Euro bezahlt. Wir bitten um die Überweisung von 3,55 Euro auf das Ihnen bekannte Konto bis zum 15. Dezember 2008.
Mit freundlichen Grüßen
Maja Steller
Maja-Studio

Von: Berthold Kamuf
Datum: 4. Dezember 2008 16:44
An: Maja-Studio
Betreff: Rechnung v. 28.11. 08

Sehr geehrte Frau Steller,
die Sendung hatten Sie als Brief für 1,45 Euro versandt. Deshalb gibt es keinen Grund, Ihnen mehr zu erstatten.
Mit freundlichen Grüßen
Berthold Kamuf, freier Fotograf

Von: Maja-Studio
Datum: 5. Dezember 2008 18:30
An: Berthold Kamuf
Betreff: Rechnung v. 28.11. 08

Sehr geehrter Herr Kamuf,
als Selbstständiger sollten Sie eigentlich wissen, dass Versandkosten nicht gleich Portokosten sind. Ich muss die Sendung
auch verpacken und zur Post bringen. Wenn ich gewusst hätte,
dass Sie nur Schwierigkeiten machen, hätte ich Ihnen das
Sonderangebot, an dem ich eh nichts verdiene, nur per Vor-
kasse oder Nachnahme zugesandt. Ich darf Sie nochmals nach-
drücklich bitten, innerhalb von 2 Wochen den Restbetrag zu
überweisen.
Mit freundlichen Grüßen
Maja Steller
Maja-Studio

Von: Berthold Kamuf
Datum: 6. Dezember 2008 9:23
An: Maja-Studio
Betreff: Ihr Schreiben v. 5.12.08

Sehr geehrte Frau Steller,
wenn Sie die Kosten für Verpackung (1 DIN A 4 Umschlag)
und die Arbeitszeit rechnen, kommen vielleicht 30 Cent dazu.
Großzügig gerechnet macht das dann 2 Euro Versandkosten,
aber niemals 5 Euro. Falls Sie Wert darauf legen, überweise ich
Ihnen die fehlenden 55 Cent. Zu weiteren Zugeständnissen
bin ich aber auf keinen Fall bereit. Ich habe die Cellophanhüllen auch nur genommen, weil sie so preisgünstig sind.
Mit freundlichen Grüßen
Berthold Kamuf, freier Fotograf

Von: Maja-Studio
Datum: 7. Dezember 2008 17:32
An: Berthold Kamuf
Betreff: Ihr Schreiben v. 6.12.08

Sehr geehrter Herr Kamuf,
was sind Sie für ein Kleinkrämer. Wahrscheinlich machen Sie
dieses Theater nur, weil ich eine Frau bin. Von mir aus behalten Sie die 3,55 Euro und werden glücklich damit.
Mit freundlichen Grüßen
Maja Steller
Maja-Studio

Von: Berthold Kamuf
Datum: 8. Dezember 2008 10: 40
An: Maja-Studio
Betreff: Ihr Schreiben v. 7.12.08

Sehr geehrte Frau Steller,
gegen den Vorwurf des Kleinkrämers muss ich mich aufs Hef-
tigste verwahren. Die Tatsache, dass ich mich mit Ihnen sachlich auseinandersetze, zeigt, dass ich Frauen als gleichberech-
tigte Partner betrachte. Ich möchte nicht, dass Sie in Ihrer
Existenz bedroht sind, weil ich den geforderten Betrag nicht
zahle. Wenn Sie mir glaubhaft versichern, dass Sie auf das Geld
angewiesen sind, überweise ich es. Sie sollten allerdings be-
denken, dass Sie vielleicht einen Kunden verlieren, der auch
in Zukunft bei Ihnen bestellen möchte. Nicht nur Cellophanhüllen. Ich kann Ihnen versichern, dass ich als zuverlässig und
zahlungsfähig gelte.
Mit freundlichen Grüßen
Berthold Kamuf, freier Fotograf

Sehr geehrter Herr Kamuf,
auf einen Kunden wie Sie kann ich gerne verzichten. Behalten Sie Ihr Geld und lassen Sie mich in Zukunft in Ruhe.
Mit freundlichen Grüßen
Maja Steller
Maja-Studio

Sehr geehrter Herr Kamuf,
auf meinem Konto sind 5 Euro von Ihnen eingegangen. Almosen brauche ich nicht, ich werde Ihnen die überzahlten 1,45 Euro zurücküberweisen. Auf jeden Fall freue ich mich, dass Sie einsichtig geworden sind.
Mit freundlichen Grüßen
Maja Steller
Maja-Studio

Liebe Frau Steller,

es tut mir leid, dass Sie meine Überweisung vollkommen falsch verstanden haben. Zugegeben, es macht mich nicht arm, wenn ich für Versandkosten 5 Euro statt 1,45 Euro zahle. Ich habe mich nur geärgert, weil ich mich über den Tisch gezogen fühlte. Und das hat überhaupt nichts mit der Höhe des Betrages zu tun. Glauben Sie mir, ich weiß wie ein kleiner Selbstständiger, pardon Selbstständige (ich will mir nicht wieder einen Macho-Vorwurf einholen) zu kämpfen hat. Deshalb nehmen Sie die 1,45 Euro Überzahlung einfach als Ersatz für die Zeit, die Sie beim Mail-Schreiben aufgewendet haben. Für das bevorstehende Weihnachtsfest wünsche ich alles Gute.

Mit freundlichen Grüßen

Berthold Kamuf, freier Fotograf

Von: Maja-Studio
Datum: 12. Dezember 2008 15:30
An: Berthold Kamuf
Betreff: Ihr Schreiben v. 12.12.08

Lieber Herr Kamuf,

was bilden Sie sich eigentlich ein? Meinen Sie vielleicht, ich bin auf 1,45 Euro angewiesen? So wie Sie sich äußern, sind Sie ein Macho, da können Sie noch so viel „Kreide fressen". Ich kann mir gut vorstellen, wie Sie sich amüsieren, weil Sie jetzt doch das letzte Wort behalten haben. Dies war natürlich der beste Zug, großzügig mehr zu bezahlen!

Auch ich wünsche Ihnen frohe Weihnachten und hoffe, dass damit die Angelegenheit beendet ist.

Mit freundlichen Grüßen

Maja Steller

Maja-Studio

Lieber Berthold,
ich darf Sie doch so nennen? Was fällt Ihnen nur ein, mir einen Blumenstrauß zu schicken? Das letzte Mittel des Macho-Mannes, um eine Frau zum Nachgeben zu bringen? Trotzdem, die Blumen sind wunderschön und es ist lange her, dass ich welche bekommen habe. Ich kann nicht anders. Ich muss mich herzlich bedanken. Altmodische Männer haben doch etwas Besonderes an sich. Bei den modernen, emanzipierten wird man zum Kaffee eingeladen und wenn man dann nicht „die Briefmarkensammlung" anschauen will, muss man selbst bezahlen. Herzlichen Gruß und noch mal schöne Feiertage.
Maja

Liebe Maja,
irgendwie erscheinst du mir so vertraut, deshalb das „du". Ich hoffe, du hast nichts dagegen. Ehrlich gesagt, ich mag selbstbewusste Frauen, die sich zu wehren wissen, sonst hätte ich längst unseren Mail-Verkehr eingestellt. Mit „altmodisch" liegst du nicht ganz falsch, aber ich bin bestimmt kein „Macho". Nimm den Strauß einfach als kleine Geste der Sympathie, das hat überhaupt nichts mit unserer Auseinandersetzung zu tun. Die ist doch beigelegt, oder?
Herzlichen Gruß von Berthold

Von: Maja-Studio
Datum: 14. Dezember 2008 8:00
An: Berthold Kamuf
Betreff: Dein Schreiben

Lieber Berthold,
nichts dagegen, dass wir uns duzen. Ich möchte mich jetzt doch
noch entschuldigen. Die fünf Euro waren tatsächlich ursprüng-
lich für Porto gedacht. Als ich bemerkte, dass ich die Sendung
einfach als Groß-Brief verschicken kann, freute ich mich, doch
noch auf meine Kosten zu kommen, denn ich hatte die Cellophanhüllen um vier Euro heruntergesetzt. Ich hoffe, du
nimmst die Entschuldigung an. Aber trotzdem, ich kann mir
nicht helfen, ein wenig bist du doch Macho, oder nicht? Und
was soll eigentlich diese deplatzierte Bemerkung „Mail-Verkehr"?
Herzlichen Gruß
Maja

Von: Berthold Kamuf
Datum: 17. Dezember 2008 19: 04
An: Maja-Studio
Betreff: Pralinen

Liebe Maja,
du überraschst mich immer wieder von Neuem, ganz, ganz
herzlichen Dank für die Pralinen, die gestern mit der Post
kamen. Ich habe sie schon alle aufgegessen, sie waren prima,
woher weißt du, dass ich eine Schwäche für Süßigkeiten
habe?
Herzlichen Gruß
Berthold

Von: Maja-Studio
Datum: 18. Dezember 2008 18:30
An: Berthold Kamuf
Betreff: Pralinen

Lieber Berthold,
das war nur eine Kleinigkeit als Entschuldigung und als Dank
für die Blumen. Irgendwie dachte ich, sind wir uns doch in
vielem ähnlich, und da ich diese belgischen Pralinen für mein
Leben gern esse (ich führe sie übrigens in meinem Versand),
dachte ich, sie müssten dir auch schmecken.
Es wäre schön, wenn du mir etwas über dich schreiben würdest.
Ich möchte gerne mehr über dich erfahren.
Liebe Grüße
Maja

Von: Berthold Kamuf
Datum: 19. Dezember 2008 15:10
An: Maja-Studio
Betreff: letzte Mail

Liebe Maja,
gerne schreibe ich dir einiges über mich. Ich habe 46 Jahre auf
dem Buckel und schon einiges erlebt. Früher hatte ich ein
Fotogeschäft, geerbt von meinen Eltern. Jetzt arbeite ich als
selbstständiger Fotograf für die hiesige Zeitung, manchmal
auch für andere Blätter und manchmal werde ich auch für
Geburtstage oder Hochzeiten engagiert. Ich bin geschieden,
meine beiden Kinder leben bei der Mutter und ich sehe sie nur
alle vier Wochen. In diesem Jahr bin ich an Weihnachten das
erste Mal alleine, vielleicht könnten wir uns über die Feierta-

ge treffen, was meinst du? Meine Hobbys: Ich bin ziemlich frankophil, das heißt, ich liebe die französische Küche, fahre oft an die französische Atlantikküste in Urlaub und ich tanze gerne. Jetzt reicht es aber, jetzt bist du dran!
Herzlichen Gruß
Berthold

Von: Maja-Studio
Datum: 19. Dezember 2008 17:30
An: Berthold Kamuf
Betreff: Weihnachten

Lieber Berthold,
auf dem Foto finde ich dich sympathisch, obwohl du, ehrlich gesagt, schon ein alter Knabe bist! Na ja, Hauptsache man ist im Kopf jung geblieben. Ich bin 34 Jahre alt und habe schon einige Enttäuschungen hinter mir. Gegen ein Treffen an Weihnachten hätte ich nichts. Zu meinen Eltern muss ich auf jeden Fall an Heiligabend, aber an den Feiertagen bin ich frei. Von mir möchte ich eigentlich erst erzählen, wenn wir uns sehen. Anbei ein Foto, damit du wenigstens weißt, mit wem du es zu tun hast.
Herzliche Grüße
Deine Maja

Von: Berthold Kamuf
Datum: 20. Dezember 2008 11:11
An: Maja-Studio
Betreff: Weihnachten

Liebe Maja,
ich bin begeistert. Darf ich dich am ersten Weihnachtstag zum Essen ins Restaurant Schwarz einladen? Hast du schon von dem Sterne-Koch in Heidelberg gehört? Bitte mach mir die Freude!
Herzlichen Gruß
Dein Berthold

Von: Maja-Studio
Datum: 21. Dezember 2008 17:30
An: Berthold Kamuf
Betreff: Betrüger

Herr Kamuf,
ich habe über Sie recherchiert, bitte belästigen Sie mich nicht mehr. Sie sind ein Betrüger. Auf eine weitere Enttäuschung in meinem Leben kann ich verzichten.
Maja Steller

Von: Berthold Kamuf
Datum: 21. Dezember 2008 17:40
An: Maja-Studio
Betreff: letzte Mail

Liebe Maja,
gib mir bitte eine Chance und lass dir erklären. Bestimmt hast du herausbekommen, dass ich noch verheiratet bin. Aber glaube mir, wir leben eigentlich getrennt und wir werden uns in Kürze scheiden lassen. Ich wollte mir die Chancen bei dir nicht verderben, deshalb habe ich diese Notlüge benutzt. Sag

mir, wo und wann wir uns treffen können, ich fahre auch hinunter zu dir nach Offenburg, damit ich alles erklären kann.
Bitte, bitte, bitte ...
Dein Berthold

Von: Berthold Kamuf
Datum: 20. März 2009 13:10
An: Maja-Studio
Betreff: Verzweiflung

Liebe Maja,
ich bin ganz verzweifelt, gib doch endlich Antwort. Ich habe schon 5 Briefe und Dutzende von Mails geschrieben, versucht dich anzurufen, du gibst einfach keine Antwort. Findest du das fair? Gib mir noch eine Chance.
Berthold

Von: Mailor-Daemon@mail.gmx.net
Datum: 20. März 2009 13:25
An: Berthold.Kamuf@info.de
Betreff: Failure notice

Ihre Nachricht kann an die angegebene Adresse nicht übermittelt werden.

Mein Cousin Albert

(1957)

Mein Cousin Albert und ich sind 1945 geboren, er ist allerdings ein halbes Jahr älter als ich, was sich im Laufe unseres Heranwachsens immer wieder bemerkbar machte. Wir haben beide französische Mütter und deutsche Väter, allerdings bin ich im Kraichgau als Deutscher, er in Colmar als Franzose aufgewachsen.

Wenn ich in den Sommerferien mit meiner Mutter zu den Großeltern nach Colmar kam, war Albert mein Spielkamerad, der mich schon früh mit den Mädchen in der Umgebung bekannt machte. Aber wir spielten nicht nur „Dokterles", sondern warfen und rollten „Stinzer", wie die „Klicker" oder „Murmeln" im Elsass genannt werden, bewunderten die historischen Kanonen im Park bei dem nahe gelegenen Stadion und kauften uns, wenn wir ein paar Sous (Münzen) hatten, Bärendreck, eine kaugummiartige Form von Lakritze. Von ihm erfuhr ich, dass auf der roten Bahn um das Fußballfeld Radrennen stattfinden. Damals zeigte sich schon, dass es für ihn, neben den Mädchen, noch eine Leidenschaft gab: das Radfahren.

Als ich so zwölf Jahre alt war, durfte ich alleine ins Elsass fahren. Albert lebte jetzt in seiner neuen Familie mit einem Stiefvater und drei kleinen Schwestern.

Eines Tages beschlossen wir, mit den Fahrrädern einen Ausflug nach Buhl, einem kleinen Ort am Fuß des elsässischen Belchen, zu machen, um dort unseren Onkel Antoine zu besuchen. Auf dem Heimweg wollten wir dann in Voeglingshofen beim Pfedri, wie der Bruder unseres Großvaters von allen genannt wurde, vorbeifahren. Wir waren morgens spät dran, weil Albert zuerst die Bremsen und Lichter unserer Räder überprüfte. Er reparierte überhaupt gerne, obwohl ich nicht weiß, was es da immer zu reparieren gab. Auf jeden Fall kamen wir gerade rechtzeitig zum Mittagessen nach Buhl. Statt uns zu begrüßen, fragte meine Tante Yolande mit hochrotem Gesicht, wo denn der Rest der Familie sei. Ich hatte ihr nämlich eine Postkarte geschickt, auf der kurz und bündig stand: „Ich bin bei Albert in Ferien, wir kommen am Dienstag zum Mittagessen."

Nachdem sie sich vom ersten Schock erholt hatte, trug sie auf. Das üppige, dreigängige Menü war für elf Personen gerechnet, mit Onkel, Tante und den beiden Cousinen waren wir aber nur sechs. Albert und ich gaben uns redlich Mühe, trotzdem blieb die Hälfte übrig. Meine Tante, die sich kaum am Tischgespräch beteiligt hatte, warf die Reste wütend in den Mülleimer. Mein zaghafter Hinweis, dass es schade um das schöne Essen sei und man das doch aufwärmen könne, quittierte sie mit der kurz angebundenen Bemerkung, dass sie das letzte Mal für mich gekocht hätte.

Den Onkel konnte das Ganze wie üblich nicht erschüttern. Er war froh, wieder einmal Zuhörer für seine Heldentaten aus dem Krieg zu haben, in dem er das Vaterland mal auf der deutschen, mal auf der französischen Seite verteidigt hatte, allerdings jeweils in der Armeeküche. Sein Lieblingsthema waren die Mädchen, die er dabei kennengelernt hatte. Die Tante brummte dann nur: „Buwe, ihr müsst net alles glüwe."

Obwohl unser Zeitplan schon ziemlich durcheinander war, fuhren wir auf dem Heimweg nach Voeglingshofen, das am Hang der Vogesen idyllisch in die Weinberge eingebettet ist.

Nach einem mühsamen Aufstieg von der Route Nationale zu dem Winzerdorf durften wir am großen runden Tisch Platz nehmen. Es wurde extra für uns eine Flasche Wein aufgemacht und die Tante buk Eier mit Speck. Nachdem uns der Pfedri die grünlichen Stielgläser mit Weißwein gefüllt hatte, fühlten wir uns richtig erwachsen. Während es draußen allmählich dunkel wurde, gingen wir nach dem Essen noch mit in den Keller, wo er uns den Wein direkt vom Fass probieren ließ. Das gab uns den Rest. Benommen taumelten wir irgendwann an die frische Luft. Der Onkel mit seinem derben Humor lachte nicht weniger als Albert und ich. Leicht schwankend bestiegen wir die Fahrräder und fuhren die steile und kurvenreiche Straße hinunter zur Nationalstraße. Auf dieser großen Verbindungsstraße von Mulhouse nach Colmar fuhr Albert voraus, weil an seinem Fahrrad nur das Vorderlicht, bei mir nur das Rücklicht funktionierte. „Was hat der heute Morgen nur so lange repariert", ging es mir durch den vernebelten Kopf.

Spät abends warteten Alberts aufgeregte Eltern auf uns. Ich wurde gleich ins Bett geschickt, Albert bekam den Hintern versohlt. Als er endlich in die Mansarde hochkam, lachte er und meinte, er hätte gar nichts gespürt. Aus Wut über die Bestrafung und da wir in der Hektik vergessen hatten, auf die Toilette zu gehen, erleichterten wir uns auf dem Speicher beim Wettpinkeln auf alte Koffer.

Eines Nachmittags gingen wir auf die Foire aux Vins in der Altstadt von Colmar, auch heute noch das größte Weinfest im Elsass. Wir kosteten am Weinbrunnen von allen Sorten. Ausnahmsweise hatten wir genug Geld, da mir meine Eltern etwas „für alle Fälle" mitgegeben hatten. Die Bedienung schenkte uns ein, ohne nach dem Alter zu fragen. Wenn sich zwei junge Burschen amüsieren wollten, hatte außer den eigenen Eltern damals niemand etwas dagegen. Der Wein verlieh mir ungeahnte Kräfte und ich vermöbelte auf dem Heimweg einen harmlosen elsässischen Jungen, der mir nichts getan hatte. Ich bereue es heute noch.

In den folgenden Jahren kam Albert in den Ferien zu mir nach Dielheim und wir besuchten das Winzerfest in Wiesloch. Inzwischen war er im Radsportverein und legte die 230 Kilometer mit seinem Rennrad in sieben Stunden zurück. Wein und Mädchen gab es in Wiesloch auch und er war immer auf der Suche. Ich wusste manchmal nicht so recht, ob ich ihn für seine Courage bewundern sollte, oft war es nur peinlich. Er ging rund um den Autoscooter von einem Mädchen zum nächsten, bis eine mitfuhr, die er dann kurze Zeit später hinter dem Zelt abknutschte.

Na ja, ich lernte viel von Albert, auf gewissen Gebieten, aber irgendwann wusste ich dann selbst Bescheid. Und Albert war von einem Tag auf den anderen ruhiger geworden, als er Michèle kennen lernte, die ihn an die Kette legte. Nun produzierte er ganz seriös und legal Babys. Von einem machte er mich zum Paten. Für meine Freunde, mit denen ich manchmal ins Elsass komme, verkörpert Albert elsässische Lebensfreude. Sie erinnern sich vor allem an seine Witze, die man aber nur erträgt, wenn man genug getrunken hat.

Schwowe im Elsass

(1999)

An einem Samstagmorgen machten Lars und Maren ihre Wochenendeinkäufe in der Hauptstraße von Bergheim, einem Dorf in der Nähe Colmars, wo sie sich ein altes Bauernhaus gekauft und renoviert hatten.

„Ein Kilo Rinderbraten", verlangte Maren in der Metzgerei, sicher, dass man sie verstehen würde.

Die Metzgerfrau fragte lächelnd: „S'il vous plaît, Madame?"

Maren zog hilflos die Schultern hoch und schaute ihren Mann an, er konnte besser französisch.

„Pas de problème", die Metzgerfrau rief nach ihrem Mann.

Jean strahlte, er hätte nicht gedacht, dass die beiden Deutschen bei ihm einkaufen. „Bonjour Madame, Monsieur. Sie haben doch das alte Haus von Muellers gekauft. Was kann ich offerieren?"

Als sie wieder draußen waren, zog Maren Lars am Ärmel: „Die Frau vor uns hat doch elsässisch mit der Metzgerfrau gesprochen. Verstehst du, wieso ihr Mann sagt, sie kann kein Deutsch?"

Er schüttelte den Kopf, er wusste es auch nicht.

Beim Bäcker war die Verständigung kein Problem. Maren sagte „Baguette" und zeigte außerdem auf den gewünschten Kuchen. Beim türkischen Gemüsehändler verständigten sie sich mit Handzeichen und das Lebensmittelgeschäft hatte Selbstbedienung. Staunend verfolgten sie den Dialog zwischen der französisch sprechenden Kassiererin und einer älteren Dialekt sprechenden Elsässerin. Als sie die Einkäufe zuhause auf dem Küchentisch abluden, meinte Lars: „Warum verstehen sie uns nicht? Man könnte meinen, wir reden chinesisch."

Eine Woche später kamen sie endlich dazu, sich den Nachbarn vorzustellen. Richtung Ortsmitte standen zwei Bauernhöfe. Beim ersten konnte man durch das weit geöffnete Hoftor rechts das Wohnhaus, links die Ställe und in der Mitte die Scheune sehen. Alles war blitzsauber und überall standen Kübel mit Blumen.

Eine pausbäckige Blondine mit erhitztem Gesicht und Küchenschürze streckte ihnen fröhlich die Hand entgegen. Sie freue sich, die neuen Nachbarn kennenzulernen, meinte sie in gebrochenem Deutsch.

Kurz darauf saßen sie um den alten Esstisch, Monsieur Lefort hatte eine Flasche von seinem Muscat aufgemacht und Madame einen aufgeschnittenen Gugelhupf auf den Tisch gestellt. „Wir produzieren auch Sekt", ließ der Hausherr durch seine Frau übersetzen und betrachtete interessiert das Etikett der Flasche, die ihm Lars geschenkt hatte. Er sei aus den Vogesen und könne kein Deutsch, auch kein Elsässisch. In den Hof habe er eingeheiratet, den Wein machten seine Schwiegereltern zusammen mit seiner Frau. Er selbst ginge nach Rouffach zur Arbeit.

„Bei uns heißt der Sekt Crémant, aber er wird nach der méhode champenoise hergestellt", erklärte Madame Lefort selbstbewusst. „Natürlich probieren wir auch den deutschen Sekt, schon aus beruflichem Interesse." Sie entschuldigte sich, sie hatte in der Küche zu tun. Aber sie rief ihren Vater, der konnte gut Deutsch, war er doch bei den Schwowe Soldat gewesen. Dies war dann auch das Gesprächsthema der nächsten halben Stunde. Sie erfuhren, dass ihn die Deutschen 1943 als jungen Mann eingezogen und gleich an die Ostfront geschickt hatten.

„Sie hatten Angst, dass wir bei einem Einsatz näher an der Heimat desertieren." Dort in Russland sei er fast erfroren und anschließend in russischer Gefangenschaft fast verhungert. Als er 1947 entlassen wurde, habe er nur noch 50 kg gewogen. Er lachte und hob das Glas: „S'gilt", prostete er ihnen zu, „das ist schon lange her. Gott sei Dank haben wir jetzt Frieden."

Um zwölf Uhr stand Lars auf: „Wir gehen, Sie essen sicher gleich."

„Ja, ja", die Hausfrau verabschiedete sie unter der Türe und entschuldigte sich: „Meine Familie kommt pünktlich um halb eins."

„Was gibt es denn? Es riecht ja herrlich."

„Kaninchen. Wenn Sie mal eines möchten, sagen Sie es nur. Paul richtet es Ihnen, Sie brauchen es nur noch in den Ofen zu schieben."

„Und was gibt es dazu?", wollte Maren wissen.

„Selbst gemachte Nudeln."

„Die machen Sie noch selbst? Das wäre mir zu viel Arbeit."

„Mir auch, aber die macht meine Mutter. Sonst habe ich mir heute nicht viel Arbeit gemacht", erklärt Madame Lefort. „Vorher gibt es aufgeschnittenen Schinken und Tomatensalat. Zum Nachtisch habe ich eine Mirabellenwähe gebacken."

„So viel, das ist ja ein richtiges Festessen."

„Aber nein. Grandpère isst am Sonntag auch noch ein Stück Käse, das hat er gerne. Aber in Deutschland wird doch viel mehr gegessen."

Lars lachte: „Das kann nicht sein. Wir essen normalerweise nur einen Gang, nur an Festtagen gibt es mehr."

Madame blieb dabei: „Wenn wir ab und zu mal in Freiburg einkaufen und dort in ein Restaurant gehen, schaffen wir das Essen kaum. Paul isst gerne drüben, schon wegen der großen Fleischportionen."

Auf dem Rückweg meinte Maren: „Freundlich waren sie ja. Aber irgendwie habe ich das Gefühl, in sämtliche Fettnäpfchen getreten zu sein."

Zu den anderen Nachbarn gingen sie nicht mehr, nachdem sie vom Vater gehört hatten, dass da seit zwei Jahren „Muselmanen" wohnten, die weder Elsässisch sprachen noch Wein tranken.

Nach vier Monaten waren die beiden im elsässischen Alltag angekommen. Wie die Einheimischen kauften sie das meiste im deutschen Breisach oder in Freiburg ein, weil es da wesentlich billiger war. Zum Metzger Jean gingen sie allerdings weiterhin, er plauderte gerne mit ihnen und versorgte sie mit den Neuigkeiten aus dem Dorf. Auch das Weißbrot war im Dorf besser. Die Leute grüßten freundlich, aber ins Gespräch kamen sie selten, auch nicht am Sonntag nach dem Gottesdienst. Und obwohl sie inzwischen Elsässisch gut verstanden, sprach man mit ihnen nur Französisch oder schlechtes Deutsch.

„Ich habe mir unser Leben ein bisschen anders vorgestellt, ich glaube, die wollen von uns gar nichts wissen. Und es gibt hier keinen Chor und keine Gymnastikgruppe wie bei uns zuhause", sagte Maren, als sie nach einem langen Tag gemeinsam vor dem Fernseher saßen. „Ich bin mir mittlerweile nicht mehr sicher, ob es so eine gute Idee war, ganz hierher zu ziehen. Am liebsten würde ich unser Kind in Breisach auf die Welt bringen."

Lars nahm sie in den Arm: „Ich weiß nicht, ob es daran liegt, dass wir aus Deutschland kommen. Vielleicht waren wir einfach zu naiv und haben nur die Sonnenseite gesehen."

Mitte November entschloss sich Maren, einen Teil der Sommerkleidung in den alten Schrank im Speicher zu hängen. Als sie das obere Fach auswischte, stieß sie auf ein kleines schwarzes Fotoalbum. Obwohl die Bilder sehr klein waren, konnte man die Personen darauf gut erkennen. Aufgeregt rief sie Lars, der im Garten werkelte. „Schau mal, das Fotoalbum hat sicher der Familie gehört, die vor uns hier gewohnt hat. Wir fragen unseren Metzger."

„So sah der Hof früher aus", Jean blätterte eifrig im Album und zeigte auf ein Foto: „Das könnte so um 1950 gewesen sein. Da lebten die alten Muellers noch. Hier, das ist Jeanne, ihre Tochter. Der hat das Haus zuletzt gehört."

„Lebt sie noch?", fragte Lars.

„Aber ja, sie ist im Altersheim in Munster. Von der haben Sie doch das Haus gekauft."

„Die alte Dame haben wir nicht kennengelernt, es wurde alles beim Notar abgewickelt."

„Den Erlös des Hauses braucht sie für das Altenheim, sie hat eine ganz kleine Rente, weil sie immer nur bei den Eltern auf dem Hof gearbeitet hat."

Eine Woche später betraten sie zögernd das Altersheim, nicht sicher, ob man da einfach ohne Anmeldung kommen konnte. Nach mehreren Anläufen fanden sie eine Pflegerin, die deutsch sprach und sie zu einem großen, hellen Aufenthaltsraum begleitete. Sie führte sie zu einer weißhaarigen Frau, die mit geschlossenen Augen in einem Sessel saß. „Visite, Madame Mueller."

„Wer sind Sie?", fragte diese auf Elsässisch.

Maren und Lars erklärten ihr, dass sie ihr Haus gekauft und dort ein kleines Fotoalbum gefunden hatten. Sie wollten es ihr zurückgeben. Jetzt wurde Jeanne munter. „Was, Sie haben es gefunden? Ich habe überall gesucht." Sie nahm das Album und presste es an ihre Brust. Langsam schlug sie Blatt für Blatt um, dann fing sie von vorne an. „Das waren meine Großeltern vor dem Krieg", sie zeigte auf einen Mann mit einem weißen Bart und einer streng blickenden Frau in Elsässer Tracht. Plötzlich lachte sie: „Da, mein Bruder und ich. Er war zwei Jahre älter und fiel in Russland. Unsere Mutter hat es nie verwunden. Und hier, die ganze Familie bei der Weinlese. Jeden Abend haben wir getanzt." Sie zeigte auf ein Foto und kicherte: „Der schöne Mann da, das war mein Walter, ein Pole, er war Fremdarbeiter und ist nach dem Krieg dageblieben. Seine ganze Familie war umgekommen. Ja, ja, die Schwowe. Aber es gab auch anständige."

Maren stöhnte innerlich, immer das gleiche Thema. Mit dem Dritten Reich hatten sie doch ganz und gar nichts zu tun.

„Er war meine große Liebe", fuhr Jeanne fort. „Aber meine Eltern erlaubten nicht, dass ich ihn heirate. Sie hatten einen Bauernjungen aus dem Dorf ausgesucht, aber den wollte ich nicht. Wir sind uns auch so treu geblieben, aber er starb schon mit 56, im Wald, beim Holzfällen."

Jeanne erzählte und erzählte. Irgendwann sank sie erschöpft in den Sessel zurück. Sie schloss die Augen. Maren und Lars glaubten schon, dass sie eingeschlafen sei, da schaute sie plötzlich wieder hoch: „Wer sind Sie?", fragte sie erstaunt. „Sind Sie aus Heidelberg?" Dort war sie während des Krieges im Arbeitsdienst gewesen.

Lars lächelte. „Nein, eigentlich komme ich aus Braunschweig und meine Frau aus Bremen. Wir sind Lehrer und arbeiten drüben in Alt-Breisach an der Grund- und Hauptschule. Jetzt wohnen wir in Ihrem Haus in Bergheim."

„Da kann man noch wohnen? Es war doch alles kaputt."

„Wir haben das Haus renoviert und alles hergerichtet. Es ist wunderschön geworden. Wenn Sie wollen", sagte Maren ganz spontan, sie mochte Jeanne alleine deshalb, weil sie die Erste war, die unverkrampft mit ihnen Elsässisch sprach, „laden wir Sie nächsten Sonntag zum Mittagessen ein und Sie können sich alles ansehen."

„Das würde ich sehr gerne." Mit Tränen in den Augen ergriff Jeanne Marens Hände. „Sie sind eine gute Frau."

Als sie Jean erzählten, dass sie Madame Mueller am nächsten Sonntag zum Essen eingeladen hatten, gab er ihnen drei Königinpasteten und die dazu gehörende Füllung als Vorspeise mit. „Die mag Jeanne besonders gern und sagen Sie ihr viele Grüße von mir und meiner Frau."

Im Bäckerladen bediente sie die Chefin selbst und grüßte ungewohnt freundlich: „Bonjour Madame Hochbauer, bonjour Monsieur, wie geht es Ihnen?"

„Na, sie kann ja doch Elsässisch", dachte Maren.

„Und die kleine Torte, nehmen Sie für das Dessert morgen?"

„Eigentlich essen wir nie Nachtisch", wehrte Lars ab.

„Aber Jeanne. Ein Essen ohne Dessert, das ist doch nichts." Sie verpackte die Torte in einen viereckigen Karton, verschnürte ihn mit einem roten Band und reichte das Päckchen über die Theke. „Sagen Sie ihr einen herzlichen Gruß von Nathalie. Ich finde es wunderbar, dass sie noch einmal sehen kann, was aus ihrem Haus geworden ist. Sie haben alles so geschmackvoll und zu unserem alten Ort passend hergerichtet, das gefällt ihr bestimmt."

Jeanne konnte sich nicht beruhigen. Sie ging mit ihnen durchs Haus, zeigte, wo sie geschlafen hatte, wo das Esszimmer war und in welchem Zimmer sie und ihr Bruder zur Welt gekommen waren. „Es ist wunderschön. Und dass sie einige Wände herausgerissen haben, war eine gute Idee, es ist alles viel heller geworden."

Jeanne war für ihr Alter erstaunlich munter und überhaupt nicht mehr verwirrt. Sie erzählte Geschichten von Familienfesten, Leben und Tod, Geburten und Krankheiten, und immer wieder spielten die „Schwowe" eine Rolle. Ihr Großvater und der Vater waren bei den Deutschen Soldat gewesen, ihr Bruder an der Ostfront gefallen. Mit den Badenern auf der anderen Seite des Rheins hätten sie sich ja immer gut verstanden, aber mit den Preußen im Ersten Weltkrieg und den Nazis im Zweiten, da sei es nicht einfach gewesen. Sie tätschelte Maren die Hand. „Es hat auch immer gute Menschen gegeben, hüben wie drüben."

Von da an holten sie Jeanne einmal im Monat zum Essen. Diese blühte zusehends auf und machte sie mit der elsässischen Geschichte vertraut, zumindest so, wie sie sich in Bergheim abgespielt hatte, erzählte von Bräuchen und Gewohnheiten, die leider am Verschwinden seien, wie der Dialekt auch.

Seit dem Kontakt mit Jeanne schien die Welt völlig verändert. Beim Einkaufen wurden sie von wildfremden Leuten angesprochen, sie ließen Jeanne einen Gruß ausrichten. Einmal kam sonntags ein betagtes Ehepaar mit einem Kuchenpaket vorbei und lud sich zum Nachtisch ein. Sie hatten gehört, Jeanne sei da.

Eines Abends klingelte es an der Haustüre. Draußen stand eine schüchtern lächelnde Frau in Marens Alter. „Bonjour Madame, ich bin Astrid Petermann und Lehrerin an der Ecole Primaire", stellte sie sich mit stark alemannisch gefärbtem Deutsch vor. „Wir unterrichten an unserer Schule seit zwei Jahren Deutsch. Ich habe gehört, dass Sie auch Lehrerin sind. Vielleicht könnten wir gelegentlich einmal unsere Erfahrungen austauschen. Ich komme hier aus der Nähe und spreche elsässisch, da haben sie von der Verwaltung angenommen, dass ich auch Deutsch unterrichten kann. Die Franzosen aus dem Innern verstehen einfach nicht, dass Elsässisch und Deutsch zwei völlig verschiedene Dinge sind."

„Kommen Sie doch herein. Mir geht es ähnlich. Während meiner Schulzeit hatte ich in einer Arbeitsgemeinschaft etwas Französisch. Jetzt muss ich eine Französischklasse unterrichten, nur weil ich hier wohne." Beide mussten herzlich lachen, das Eis war gebrochen, es war der Anfang einer wunderbaren Freundschaft.

An einem Sonntagmorgen nahm Jean Lars zum Angeln mit. Überraschenderweise sprachen die Angler miteinander elsässisch, auch mit ihm, nachdem Jean erklärt hatte, dass der Schwob Elsässisch verstand.

Das schönste Erlebnis hatte Maren, als sie im Hof gerade Wäsche aufhängte. Plötzlich stand das kleine marokkanische Mädchen vom Nachbarhof neben ihr: „Guten Tag, Madame, haben Sie meine Katze gesehen?"

„Du kannst ja Deutsch."

Die kleine Ayse nickte. „Ich lerne in Schule."

„Die Katze, ist das die kleine schwarze? Sie ist oft hier und strolcht durch unsere Scheune."

„Comment, Madame?"

„Na, komm mal mit." Tatsächlich fanden sie die Katze, die gerade einer Maus hinterherjagte. Ayse blieb noch eine Weile und half ihr, die Wäsche aufzuhängen, einmal sprachen sie deutsch, einmal französisch, wie sie gerade weiter kamen. Zum Schluss tranken sie noch eine heiße Schokolade. Maren schaute dem fröhlichen Mädchen nach, vielleicht könnte sie mit Ayse ihre Französischkenntnisse verbessern und ihr dafür bei den Hausaufgaben helfen. Sie musste mal mit Astrid darüber reden.

Als Lars drei Tage nach der komplikationslos verlaufenen Geburt seine Frau und die kleine Anne-Marie aus der Klinik in Colmar heimholte, trauten sie ihren Augen nicht. Da warteten schon alle ihre Freunde auf sie. Der Sohn von Monsieur Lefort riss das Tor auf und winkte sie strahlend hinein. Über der Haustüre hing ein Schild „Herzlich willkommen", Ayse hatte einen großen Blumenstrauß in den Händen und ihre Mutter, tief verschleiert, einen Kuchen. Ja, dann war da noch Astrid mit einem Päckchen, Madame Lefort mit zwei Flaschen Crémant und Jean mit einem in Folie eingeschweißten „Schifele", einer gesalzenen Schweineschulter. Als sie aus dem Auto stiegen, kamen von allen Seiten Glückwünsche und Ratschläge für die junge Familie. Und natürlich wollten alle die kleine Anne-Marie sehen, bildhübsch und eine richtige Elsässerin.

Lang, lang ist's her

(2003)

Yves hatte sich im Hörsaal gerade neben Philipp gesetzt, als der ihm sein Manuskript zuschob. Nach einem kurzen Blick darauf zuckte er hilflos mit den Schultern.

„Wenn man beim Mermot in Analysis zu spät kommt, kapiert man die ganze Vorlesung nicht mehr", raunte Philipp verständnisvoll.

„Meine Freundin war zum Frühstück da und ich habe die Straßenbahn verpasst."

Philipp lachte: „Ich sehe meine nur alle vier Wochen und in den Ferien."

„Wo kommst du her?"

„Aus der Nähe von Heidelberg. Dies ist mein erstes Semester hier in Nancy."

Immer wenn sie sich begegneten, wechselten sie ein paar Worte, in den Vorlesungen setzten sie sich nebeneinander. Eines Tage meinte Yves: „Was machst du eigentlich abends? Hast du hier schon Freunde?"

„Manchmal gehe ich zu Vorträgen in der Uni oder in ein Konzert. Nein, Freunde habe ich keine."

„Wenn du willst, komm mit mir. Wir sind eine ganze Clique im gleichen Alter."

Sie verbrachten immer mehr Zeit zusammen und eines Tages fragte Yves, ob er Lust hätte, mit ihm das Wochenende bei seiner Familie auf dem Land zu verbringen.

„Oh, ja gerne. Ich bin selbst auf dem Dorf aufgewachsen und manchmal vermisse ich es richtig."

„Wir wohnen auf dem Bauernhof meiner Großmutter, Landwirtschaft betreiben wir keine mehr. Was ich dich schon lange mal fragen wollte, warum studierst du eigentlich Mathematik in Nancy? Heidelberg hat doch einen guten Ruf."

„Meine Großmutter ist aus dem Elsass und wir kommen viel mit der französischen Verwandtschaft zusammen. Ich wollte schon immer gerne perfekt Französisch sprechen und da dachte ich, wenn ich in Frankreich studiere, lerne ich das von alleine."

„So gesehen müsste ich in Deutschland studieren. Ich habe nämlich deutsche Vorfahren."

„Und das sagst du erst jetzt."

„Das ist bei uns zu Hause ein Tabuthema. Meine Mutter ist die uneheliche Tochter eines deutschen Soldaten."

„Du hast einen deutschen Großvater? Kennst du ihn?"

„Ich weiß nicht wie er heißt und wo er wohnt."

Philipp wurde von der Familie Cornier mit offenen Armen empfangen. Als er von seiner Großmutter erzählte, die im Krieg als elsässische Lehrerin nach Deutschland gekommen und dort ihren Mann kennengelernt hatte, wurde Yves' Großmutter, die sich bisher kaum am Gespräch beteiligt hatte, plötzlich lebhaft: „Lebt Ihre Großmutter noch?"

„Nein, sie ist vor zwei Jahren gestorben."

„Ja, die deutschen Männer, mir hat auch mal einer gefallen."

Claudette, Yves' Mutter, sah die alte Frau erschrocken an. „Was erzählst du da? Wir waren uns doch einig, dass dieses Thema abgeschlossen ist." Sie hatte rote Flecken im Gesicht.

„Jetzt erzähl schon, Mimi. Was war damals eigentlich los?", mischte sich Yves ein.

„Ich lasse mir von meiner Tochter den Mund nicht verbieten", sagte die alte Dame energisch. „Dein Freund erinnert mich an ihn", wandte sie sich an ihren Enkel, „er hat die gleichen lockigen dunklen Haare."

„Ich verstehe dich nicht, Mutter, Jahrzehnte lang durften wir über die Sache nicht sprechen, und jetzt fängst du aus heiterem Himmel selbst davon an."

„Die Zeiten haben sich geändert."

„Lass sie halt", ergriff der Vater das Wort. „Nach über 60 Jahren interessiert das doch keinen mehr."

Die alte Dame beugte sich zu Philipp: „Als wir besetzt wurden, waren die Soldaten überall einquartiert. Und wenn ich mit meinen Freundinnen ausging, versuchten sie manchmal, mit uns anzubändeln. Aber wir gingen nicht darauf ein. Eines Tages war ich mit meiner Freundin Monique im Zoo. Da stand ein junger Soldat vor dem Käfig mit den Wölfen. Mit der Mütze in der Hand beobachtete er das nervös hin und her rennende Tier. Er sah so traurig aus, es traf mich wie ein Schlag. Ich habe nie an die Liebe auf den ersten Blick geglaubt, aber genau das ist mir passiert. Ich sprach ihn an, fragte, ob er Mitleid mit dem Tier habe. Danach sahen wir uns so oft es ging. Wir wussten, dass es bald vorbei sein würde."

Sie stand auf, strich Philipp, den dies sehr verlegen machte, leicht über die Haare und ging ohne ein weiteres Wort aus dem Zimmer.

Der Vater brach das Schweigen zuerst: „Sie sehen, der Krieg hat überall seine Spuren hinterlassen. Meine Generation wollte vor allem die Aussöhnung. Aber der Großvater meiner Frau hasste die Deutschen." Und Claudette fügte hinzu: „Meine Mutter haben sie nach der Befreiung kahl geschoren und als Soldaten-Hure beschimpft. Ich erfuhr davon erst, als mir eine Klassenkameradin ‚boche' hinterherrief. Erst dann hat mir meine Mutter das Ganze erzählt und behauptet, mein Vater sei an der Ostfront gefallen. Ob es wahr ist, weiß ich nicht."

Zurück in Nancy ließ Philipp seinem Freund keine Ruhe. Er war von der Idee begeistert, Yves Großvater zu finden. Beim nächsten Besuch in Frankreich holte die Großmutter eine Schuhschachtel aus dem Schrank und legte daraus zwei kleine

Schwarz-Weiß-Fotos auf den Tisch. „Das war er." Ein junger Mann in Uniform, daneben ein glücklich lachendes Mädchen mit einem kleinen Hut auf dem Kopf. „Nicht mal deiner Mutter habe ich die Bilder gezeigt."

„Du hast ihr nie etwas von ihrem Vater erzählt?" Yves konnte es kaum glauben.

„Ich wollte sie raushalten. Man verachtete Frauen wie mich. Dabei war er doch ein junger Mann wie jeder andere auch."

Yves sagte nachdenklich: „Das also ist mein Großvater. Wusste er, dass du ein Kind bekommst?"

Sie schüttelte den Kopf. „Nein, er wurde von einem Tag auf den anderen versetzt. Am Anfang schrieb er noch, dann habe ich nichts mehr von ihm gehört."

„Hast du ihn nie gesucht? Du hast ihn doch geliebt."

„Yves, du kannst dir nicht vorstellen, wie das war. Wir hatten keine Zukunft."

„Vielleicht lebt er noch?"

„Es könnte sein, er war nur ein Jahr älter."

Philipp griff nach den Bildern, betrachtete sie genau. Hinten auf dem Passfoto stand: Obergefreiter Heinrich Reichensperger. „Aha", dachte er, „schon mal ein Anhaltspunkt."– „Wo kam er denn her?"

„Ich weiß nicht genau. Auf jeden Fall hat er Französisch mit elsässischem Akzent gesprochen."

„Hat er nie von zu Hause erzählt?"

„Manchmal schon, er nannte auch das Dorf, wo seine Eltern wohnten. Aber daran kann ich mich beim besten Willen nicht mehr erinnern. Auf jeden Fall war der Rhein nicht weit, das weiß ich noch. Er sprach auch noch von einem anderen Fluss, aber ich kenne mich in Deutschland überhaupt nicht aus. Das war mir damals alles nicht wichtig und den Rest habe ich nach der langen Zeit vergessen."

Auf der Heimfahrt meinte Philipp: „Yves, komm doch in den Sommerferien zu mir. Dann suchen wir deinen Großvater."

„Spinnst du? Willst du in ganz Deutschland nach einem alten Mann suchen, der vor rund 60 Jahren in Nancy ein Kind gezeugt hat?"

„Nur nicht voreilig aufgeben! Wir haben doch schon eine ganze Menge: Er war 1944 ein junger Soldat, der vom Studium weg eingezogen wurde. Er ist ein Jahr älter als deine Großmutter, also 83, er heißt Heinrich Reichensperger und wollte Französischlehrer werden, das ist doch schon was."

Als Philipp Yves ein paar Wochen später in Karlsruhe am Bahnhof abholte, hatte der eine überraschende Neuigkeit: „Stell dir vor, meine Großmutter ist von unserer Idee ganz begeistert. Und wenn wir sein Grab finden, hätte sie gerne ein Foto davon."

„Am besten fahren wir zuerst nach Freiburg", schlug Philipp vor, „dort spricht man einen ähnlichen Dialekt wie im Elsass, und suchen nach einem ehemaligen Lehrer namens Reichensperger."

Beim Einwohnermeldeamt in Freiburg konnte ihnen die junge Frau zwar nicht helfen, gab aber einen guten Tipp: „Probieren Sie es doch im Internet, da können Sie die Häufigkeit von Namen in den verschiedenen Regionen abrufen."

„Das darf nicht wahr sein", staunte Philipp, „den Namen gibt es nur im Kreis Böblingen, in Heidelberg und im Rhein-Neckar-Kreis."

„Dann fangen wir doch hier im Rhein-Neckar-Kreis an", schlug Yves vor.

„Aber wir sprechen in unserer Gegend kein Alemannisch."

„Für mich hört sich alles gleich an, ich verstehe so oder so nicht viel."

„Dass ich daran nicht gedacht habe. Deine Großmutter spricht doch auch kein Deutsch. Wenn sie einen Süddeutschen Französisch sprechen hört, klingt er für sie wie ein Elsässer. Also könnte ihr Heinrich auch aus unserer Gegend kommen. Außerdem hat sie von zwei Flüssen gesprochen, hier sind der

Rhein und der Neckar. Machen wir uns an die Arbeit und kämmen systematisch alle Orte durch."

Im Internet fanden sie 34 Adressen im Umkreis von 50 km, neun alleine in der Stadt Heidelberg. Nach vielen Stunden vergeblicher Telefongespräche war ihre Laune auf dem Tiefpunkt.

Am dritten Tag hatten sie plötzlich eine Spur. Eine Frau in Worms hatte einen weitläufigen Verwandten, dessen Großvater, so glaube sie, Heinrich heiße. Sie versprach, sich zu erkundigen. Am nächsten Morgen rief sie zurück. „Der alte Herr heißt tatsächlich Heinrich Reichensperger. Er wohnt im Altenheim St. Anna in Heidelberg, er war in Frankreich Soldat und ist 83 Jahre alt."

Nachdem sie sich bei der Heimleitung vergewissert hatten, machten sie sich am nächsten Tag auf den Weg. Yves war ganz aufgeregt. Ob er seinem Großvater ähnlich sah? Hoffentlich hatte er nicht Alzheimer und erinnerte sich an nichts mehr.

Die Schwester führte die beiden in den Aufenthaltsraum. „Besuch, Herr Reichensperger", sagte sie zu einem noch recht fit aussehenden Herrn, der Kreuzworträtsel löste.

Yves fiel ein Stein vom Herzen. „Bonjour Monsieur", grüßte er und reichte ihm die Hand.

Der schaute hoch: „Ich spreche nicht französisch. Wer sind Sie?"

„Wir suchen Heinrich Reichensperger, der 1944 als Soldat in Nancy war", kam Thomas seinem Freund zur Hilfe.

„Da muss ich Sie leider enttäuschen. Ich war zwar auch in Frankreich, aber nicht in Nancy, sondern am Atlantik und habe dort die Landung der Alliierten mitgemacht. Wie sind Sie auf mich gekommen?"

Nachdem ihm Philipp die Geschichte erklärt hatte, schloss der alte Mann für einen Moment die Augen. „Warten Sie, ich bin vergesslich geworden, aber da gab es einen Reichensperger, der hatte den gleichen Vornamen und war vermutlich so alt wie ich. Alle Reichensperger kommen aus unserer Gegend und sind irgendwie miteinander verwandt. Jetzt weiß ich es wieder: Vor einiger Zeit las ich unter einer Todesanzeige meinen Namen, das fällt einem natürlich auf. Das muss so vor zwei Jahren gewesen sein."

Im Archiv der Rhein-Neckar-Zeitung wurden sie schnell fündig. Ein Heinrich Reichensperger nahm Abschied von seiner Frau. Zwei verheiratete Töchter und drei Enkel waren angegeben und eine Adresse in der Heidelberger Weststadt.

„Und wieso steht er nicht im Telefonbuch?", fragte Yves.

„Auf jeden Fall gehen wir zu der Adresse."

Ratlos standen sie vor der Haustüre. „Reichensperger" war auf keinem der Namensschilder zu finden. Da kam eine ältere Frau aus der Türe.

„Entschuldigung, wir suchen Heinrich Reichensperger, der muss hier gewohnt haben."

Sie nickte: „Das stimmt. Nach dem Tod seiner Frau ist er zur Tochter nach Frankfurt gezogen."

„Haben Sie seine Adresse?"

„Tut mir leid, ich weiß nicht mal wie seine Tochter heißt. Ich glaube Silvia. Aber sicher bin ich nicht."

Yves hatte wieder Hoffnung geschöpft: „Wir müssen zurück zu den Todesanzeigen. Da steht ihr voller Name."

„Hier Silvia Roth", meldete sich eine Frau am Telefon.

„Guten Tag Frau Roth, mein Name ist Philipp Werber. Ich rufe für meinen französischen Freund an. Er sucht einen Heinrich Reichensperger, der 1944 in Lothringen Soldat war und jetzt 83 Jahre alt sein muss."

„Da sind Sie richtig, aber was hat ihr Freund mit meinem Vater zu tun?"

„Er ist vielleicht der Enkel und möchte seinen Großvater kennenlernen."

Frau Roth lachte: „Das war sicher nicht mein Vater. Der hat meine Mutter schon vor dem Krieg gekannt und als er nach

Hause kam, haben sie geheiratet. Aber ich werde mit ihm reden, rufen Sie morgen noch einmal an."

Yves wagte kaum, sich noch einmal Hoffnung zu machen. Und doch, als sie dann in einem gepflegten Vorort von Frankfurt an einem Zweifamilienhaus aus der Gründerzeit klingelten, hatte er feuchte Hände und sein Herz klopfte laut.

Eine etwa 50-jährige Frau öffnete ihnen und begrüßte sie herzlich: „Kommen Sie herein, Sie trinken doch einen Kaffee mit uns?"

Die beiden nickten. Es roch nach frisch gebackenem Kuchen. Am Tisch saß ein alter Mann. Er stand auf, kam ihnen schwerfällig entgegen und gab beiden die Hand. Als Yves ihn begrüßte, antwortete er in flüssigem Französisch.

Die Frau erklärte: „Mein Vater war von Beruf Dolmetscher. Ich spreche zwar nicht so gut wie er, aber für eine Unterhaltung reicht es."

„Monsieur", fragte Yves den Mann höflich, „waren Sie 1944 als Soldat in Nancy?"

Der schaute ihn einen Moment nachdenklich an. „Im Lothringischen war ich schon, aber nicht direkt in Nancy."

„War das zufällig in Dombasle-sur-Meurthe?"

„Daran kann ich mich nicht mehr erinnern, der Ort kommt mir auch nicht bekannt vor. Außerdem wurden wir nach wenigen Wochen an die Ostfront verlegt. Ich weiß von meiner Tochter, wen Sie suchen. Sie haben ihr eine abenteuerliche Geschichte erzählt, die zeigt, dass Sie keine Ahnung haben. Bei den französischen Mädchen hatten wir 1944 keine Chancen mehr, selbst die Dirnen mieden uns, aus Angst vor der Rache ihrer Landsleute."

Yves holte das alte Foto heraus. „Sehen Sie doch, das sind Sie und hinten steht Ihr Name drauf."

Silvia nahm das Bild: „Vater, ich werde verrückt. Das bist wirklich du." Der alte Herr stand auf, riss ihr zornig das Foto aus der Hand und gab es Yves zurück. „Ich weiß nicht, wie Ihre

Großmutter zu dem Bild gekommen ist. Außerdem kann ich keine Ähnlichkeit erkennen. Wer weiß, von wem sie das Kind hatte und was sie sich zusammenfantasiert."

„Und hier, auf diesem Foto, sind Sie zusammen drauf."

„Das will ich gar nicht sehen. Ich bin nicht der, den Sie suchen, Schluss damit. Und jetzt gehen Sie. Ich darf mich nicht aufregen, ich bin herzkrank."

Yves probierte es noch einmal: „Es macht Ihnen doch niemand einen Vorwurf. Ich hätte einfach gerne meinen Großvater kennengelernt. Meine Großmutter lebt auch noch und hat Sie nicht vergessen."

Wortlos nahm der alte Mann seinen Stock und verließ das Zimmer.

Seine Tochter versuchte zu trösten: „Es tut mir leid. Wenn er sagt, er war es nicht, wird es wohl so sein. Vielleicht hatte er einen Doppelgänger. Wenn ich mir das Bild genau anschaue, bin ich mir auch nicht mehr sicher. Diese kleinen Schwarz-Weiß-Fotos, da kann man sich leicht täuschen."

Als die beiden vor der Tür standen, platzte Philipp heraus: „Der war's, er will es bloß nicht zugeben. Ich hab ihn genau beobachtet und könnte wetten, er hatte Tränen in den Augen."

Yves meinte nachdenklich:„Na ja, am meisten bin ich über mich selbst überrascht. Ich dachte, es macht einen Schlag: Wow, mein Großvater! Aber ich habe nichts, aber auch gar nichts gespürt. Er war einfach ein alter Mann, der gut französisch spricht, stur und unsympathisch. So einen Großvater will ich nicht. Nur, was sage ich jetzt meiner Großmutter, die Wahrheit?"

„Ganz einfach: Wir haben ihn trotz intensiver Suche nicht gefunden, nicht mal sein Grab. Das ist doch die Wahrheit, oder?"

Ein Sommermärchen *oder*
Vor Spaniens Gestaden

Vor rund zweimal hundert Jahren wohnte hinter dem Horror-Berg im Kraichgau ein wilder Ritter namens Ole von Ottomanen. Keinem Streit ging er aus dem Wege, weder mit seinem Bruder Eike, von vielen der Schöne genannt, noch mit seiner Schwester Tanja, als die Gebärfreudige bekannt. Bei so manchem Ritt stürzte er vom Pferde, schlug sich Zähne ein und brach sich Knöchel. Die Nächte brachte er mit finsteren Kumpanen zu, bei Wein, Met und großen Zigarren. Des Nachts zog ihn des Mondes Licht mit magischer Kraft aus seiner Kemenate aufs Dach und von dort ins nächste Wirtshaus. Sein schlafwandlerisches Glück und sein Bruder bewahrten ihn hin und wieder vor dem Absturz. In dunkler Nacht, wenn alle Katzen grau sind, stieg er auch so manchem Rock hinterher, den er dann bei Tageslicht nicht mehr wiedererkannte. Weil er sich auf Teufel komm raus nicht an die Gesetze seines Lehnsherrn Anton vom Neckar halten wollte, drohte ihm immer wieder die Verbannung in ein Kloster, der er nur mit knapper Not und dem Schwur auf Besserung entging.

Eines Tages unternahm er einen langen Ritt an die trockenen Gestade Spaniens, begleitet von dem Raufbold und Saufkumpanen Lars vom Tale des Leimbach, mit dem ihn Dutzende von Schandtaten verbanden. Dort wollten sie fern der germanischen Obrigkeit ihren Lastern freien Lauf lassen. Doch es kam anders als geplant. Der Met schmeckte nicht wie zu Hause, die gleißende Sonne brachte die Hirne zum Kochen und ab fünf Litern Sangria hatten sie fürchterliches Sodbrennen. Die heimischen Schönheiten wandten sich voller Grausen von den ungeschlachten Gesellen ab, deren teutonisches Gebrüll jedermann in Angst und Schrecken versetzte.

Eines Tages starrten sie verzweifelt in die Fluten des Mittelmeeres, nicht wissend, ob sie sich todesmutig hineinstürzen oder ihren Gaul in der Hitze zu Tode reiten sollten. Da plötzlich entstieg den Fluten nixengleich ein Mädchen, wunderschön anzusehen, mit schulterlangem braunen Haar, Augen so rätselhaft wie ein germanischer Wald und einer Figur, noch berauschender als die Venus von Schwabing. Wie ein Blitz schlug es in Ole ein, er ward in Liebe entflammt.

Lisl von Benidorm hatte die beiden schon tagelang beobachtet. Als spanischer Gast im fernen Bayern großgezogen, sprach sie teutonisch und spanisch gleichermaßen, so dass sie die lästernden Bemerkungen der beiden über einheimische Jungfrauen genauso verstand wie die abfälligen Äußerungen derselben über germanische Tölpel. Sie selbst konnte das wilde Rittergetönse nicht erschrecken, da ihre Familie im Winter am Hofe von München lebte und sie wilde Gesellen gewöhnt war. Verglichen mit diesen war Ritter Ole geradezu von sanftem Gemüte. Dank der von der Oma geerbten seherischen Gabe hatte sie entdeckt, dass hinter dem wilden Gebaren des Ritters ein Geheimnis verborgen war, mit einer Eisenkette verschlossen, die nur eine liebende Frau zu öffnen vermochte. Ob sie dazu den Schlüssel hatte? Sie musste es probieren.

Aufreizend langsam schritt sie an den beiden vorbei, mit schelmischem Blick, tiefem Augenaufschlag und einem gewagten Hüftschwung. Beide standen nur da und glotzten mit offenem Munde, während Ole gar der Geifer aus den Mundwinkeln rann. Sie folgten ihr heimlich und die Jungfrau Lisl tat so, als ob sie nichts bemerkte. Manchmal blieb sie sinnend stehen, um die prächtigen Oleanderblüten, die den Weg zu ihrem Gemach in der Touri-Burg säumten, zu bewundern, und um den beiden Gelegenheit zu geben näher zu kommen. An einer Weggabelung drehte sie sich plötzlich um und blieb stehen. Mit hochgezogenen Brauen musterte sie die finsteren Gesellen: „Es dünkt mir, die Herren verfolgen mich", sagte sie mit engelsgleicher Stimme, während die Beschuldigten vor Scham in den Boden sinken wollten. Ritter Lars, bekannt für ein gewisses Phlegma, gepaart mit losem Mundwerk, wusste zu reagieren. „Edle Schöne", meinte er, „wir wollten lediglich erkunden, wo Ihr wohnt, weil mein Kampfesbruder Ole, im Feuer der Liebe entbrannt, gedenkt, heute Nacht Minnelieder vor Eurer Kemenate zu singen, zum Lobpreis Eurer Schönheit und Eures Liebreizes."

Wie es sich für eine tugendhafte Jungfrau gehört, errötete sie, bis das Gesicht gleich einer sanften Öl-Laterne strahlte, huldvoll lächelnd schwebte sie von dannen. Als dann zur Geisterstunde Ole vor Lisls Kemenate auf der Laute klimperte und gerade anfangen wollte zu singen, hatte Gott Amor Mitleid mit den Liebenden: Er ließ einen Engel in Lisls Ohren erklingen, der in seinem früheren Leben an der Oper von Milano mit seinem schönen Bass begeisterte. So erfuhr sie niemals, wie schrecklich Ole eigentlich sang. Aber er selbst war auch von den Socken, denn auch er hörte nur den Engel und dachte, die Liebe habe seine Stimme verwandelt.

Bevor Lisl ihn endgültig erhörte, wurde noch so manche Mutprobe von Ole abverlangt. In Germanien zurück, musste er nicht nur den langen und beschwerlichen Ritt nach München auf sich nehmen, sondern sich dort, in bajuwarische Ritterrüstung gezwängt, auf den Oktoberwiesen dem Kampfe mit Bierseideln, Haxen und Hartschädeln stellen, begleitet von dem Trommeln der Landsknechte und Schimpfwörtern, die gegen die Fremdlinge gerichtet waren, die diese aber als Anfeuerungsrufe deuteten.

Es war nicht einfach, das Bajuwarisch der Familie seiner Angebeteten zu verstehen. Nachdem er bemerkt hatte, dass diese alles, was nicht für seine Ohren bestimmt war, ungeniert vor ihm austauschten, lernte er deren Sprache heimlich mit Hilfe einer Magd, die er allerdings nur bei Nacht im Heuschober besuchte. Fortan war er gegen alle Angriffe gefeit. So konnte er sich jeweils rechtzeitig aus dem Staube machen, wenn die Verwandtschaft seine Gedärme mit Weißkraut und Schweinshaxen auf die Probe stellen oder ihn beim Fingerhackeln blamieren wollte.

Gerechterweise muss gesagt werden, dass es auch Lisl von Benidorm nicht leichtfiel, die seltsamen gutturalen Laute der Adeligen vom Kraichgau zu verstehen. Lange brauchte sie, bis sie verstand, dass „wie duu" „Guten Tag" heißt und „alla" „wir gehen jetzt", dass „krawwle mer ens Nescht" ein unkeusches Angebot und „hait siehsch net schlescht aus" ein großes Kompliment ist. Fast alle Schwierigkeiten, die sich den beiden in den Weg stellten, waren zu lösen, nur hinter das Geheimnis, das sie schon bei der ersten Begegnung gespürt hatte, war sie noch nicht gekommen. Immer noch liebte Ole sinnlose Kämpfe mit dem Mund und auf dem Bette und selbst mit ihrem Zaubergürtel angetan, konnte sie ihn nicht niederringen. Auch war er häufig von einer seltsamen Taubheit befallen, wenn es um das Ausmisten seines Stalles oder um die Reparatur seiner alten Kutsche ging. Mit allen möglichen Koseworten versuchte sie es, bis eines Tages, mehr zufällig, das Wort „Hochzeit" fiel. Er wurde leichenblass, schaute sie mit stierem Blick an und fiel um. Verzweifelt schüttelte sie ihn, schlug ihm auf die Wangen und übergoss in abwechselnd mit heißem und kaltem Wasser. Erst nachdem sie, vollkommen nackt, mit ihrem Körper sein erstarrtes Blut durch Anschmiegen wieder zum Fließen gebracht hatte, schlug er die Augen auf und – war fortan ein anderer. Erst nach und nach merkte er, dass sich die Kette um seine Brust gelöst, dass er nicht mehr schreien und kämpfen, nicht mehr den trinkfesten Ritter und den rohen Gesellen spielen musste. Von Tag zu Tag wurde er sanfter und verständiger. Folgsam säuberte er Stall und Hof, brachte am Sonntag-

morgen seiner Liebsten das Frühstück ans Bett und aß todes-
verachtend bayrische Radi, Weißwürste und Leberkäs.

Nur ein kleines Hindernis trennte ihn noch vom perfekten
Glück. Nach neckenden Hinweisen, dem einen oder anderen
Rippenstoß und gelegentlichem leichten Liebesentzug war er
schließlich soweit. In einer lauen Sommernacht warf er sich,
ausgestattet mit einer Flasche Met und einem großen Strauß
roter Rosen, seiner Angebeteten vor die Füße, küsste dieselben
und sprach seinerseits einen Satz mit magischer Wirkung:
„Willst du mich heiraten und mit mir Kinder zeugen?"

Nachdem sie huldvoll genickt hatte, ward das Glück vollkommen und wenn sie nicht gestorben sind, leben sie heute
noch.

Nazideutschland

(1935)

Samstag neunzehn Uhr, es war Zeit, dass er nach Hause kam, er versah den Dienst des Bürgermeisters, wie in Frankreich üblich, nur im Nebenberuf. Im Vorzimmer verabschiedete er sich von seiner Sekretärin. „Die Termine für nächste Woche sagen Sie bitte alle ab. Ich fahre mit der Familie einige Tage weg, es sind schließlich Sommerferien."

Louise nickte, schaute in den Terminkalender und sagte: „Monsieur le maire, entschuldigen Sie, am Dienstag haben Sie einen Termin mit dem Präfekten, ich glaube nicht, dass Sie den absagen können."

„Ich muss auch einmal an meine Familie denken. Lassen Sie sich etwas einfallen."

Der französische Zöllner salutierte, als der Citroën vor dem Schlagbaum hielt. „Bonjour, monsieur le maire, sind Sie wieder auf dem Weg in den Schwarzwald?"

„Ja, wir möchten ein paar Tage ausspannen, und wie geht es Ihnen?"

„So la-la, wenn wir vom Schwiegervater nicht ab und zu einen Sack Kartoffeln und einen Schinken bekämen, hätte ich schon Mühe, unsere fünf Kinder satt zu bekommen. Darf ich Sie um die Pässe bitten?" Er eilte dienstbeflissen mit den Papieren ins Büro. Nach wenigen Minuten war er zurück, salutierte auch vor der Frau Bürgermeister und ihren beiden Söhnen auf dem Rücksitz und wünschte eine gute Fahrt.

Mitten auf der Brücke nach Breisach stand der erste deutsche Soldat. Er schaute nur kurz ins Auto, schlug die Hacken zusammen und hob dann die rechte Hand. Dann winkte er sie weiter.

„Hast du das gesehen, Germaine? Das nennen sie Hitlergruß. Ein Reichspräsident mit einem eigenen Gruß. Fast wie ‚Heil Cäsar‘", lachte der Bürgermeister.

Sein Sohn rief: „Schau, die haben extra geflaggt." Auf beiden Seiten der Brücke flatterten rote Fahnen mit einem schwarzen Kreuz im weißen Kreis, das gleiche Symbol hatte der Soldat auf der Armbinde gehabt.

Vor der Schranke grüßte der Zöllner ebenfalls mit ausgestrecktem Arm. „Heil Hitler, herzlich willkommen im Reich. Darf ich Sie bitten auszusteigen?"

Sie mussten alle ins Büro. Die Pässe wurden gründlich studiert und gestempelt. Der Beamte fragte sie nach dem Zweck der Reise. Dass sie zu einem Wochenendurlaub nach Deutschland kamen, schien ihm zu gefallen. Ein freundliches Lächeln überzog sein Gesicht: „Einen schönen Aufenthalt." Er zögerte einen Moment, dann entschloss er sich, der offensichtlich gut situierten Familie noch etwas Nettes zu sagen. „Es geht nicht mehr lange, dann holen wir euch Elsässer heim ins Reich."

Der Bürgermeister runzelte die Stirn, als ob er nicht richtig verstanden hätte, nahm die Pässe und sagte leicht lächelnd: „Auf Wiedersehen."

Der Hotelier empfing sie auf der Treppe mit theatralisch ausgebreiteten Armen. „Wie schön, Sie zu sehen. Wir haben Ihr altes Zimmer mit Blick auf die Rheinebene reserviert. Das ist doch recht? Und für die beiden Söhne das Zimmer direkt daneben. Ich wünsche der Familie gute Erholung."

Zum Nachtessen waren alle erwartungsvoll herausgeputzt. Der Bürgermeister, hier nur bekannt als Professor von der Universität Straßburg, trug einen dunklen Anzug mit weißem Hemd und rotgestreifter Krawatte, Madame kam im modisch-eleganten Sommerkleid mit der langen Perlenkette, die sie zum vierzigsten Geburtstag bekommen hatte.

Am ersten Abend aßen sie immer das Gleiche, Schwarzwälder Schinken und frisches Bauernbrot, Mandelforellen, in Butter geschwenkte Kartoffeln und grünen Salat und als Nachtisch ein Stück Schwarzwälder Kirschtorte. Vom Kaiserstühler Riesling durften selbst die Söhne ein Glas mittrinken.

Immer wieder betraten Männer in braunen Uniformen mit roten Armbinden das Restaurant, knallten die auf Hochglanz polierten Stiefel zusammen und grüßten mit dem ausgestreckten Arm laut in den Raum „Heil Hitler". Dann marschierten sie zackig in das Nebenzimmer. Alle Gäste beschäftigten sich so eifrig mit ihrem Essen, dass sie die Störungen nicht wahrzunehmen schienen.

Der Professor sprach zu Hause mit seinen Kindern französisch, bei ihren Aufenthalten im Schwarzwald aber war Deutsch Pflicht. Etienne und Gerard, die beiden Söhne, sollten schließlich die Sprache des Volkes lernen, in dem die Elsässer ihre kulturellen Wurzeln hatten.

Sie diskutierten wieder einmal über Etiennes Pläne, der im nächsten Jahr Abitur machte. Er wollte in Paris studieren und dort bei seiner Tante wohnen. Sein Vater warf ein: „Du solltest auch mindestens zwei Semester nach Deutschland gehen, damit du deine Sprachkenntnisse verbesserst. Als Elsässer muss man Deutsch und Französisch können."

Da wurde die Türe zum Nebenzimmer weit aufgerissen. Die Männer drinnen erhoben sich von den Stühlen und brüllten mit erhobenem Arm ein Lied. Einer mit mehreren Abzeichen auf der Schulter seiner Uniformjacke stand in der Tür und schmetterte laut in das Restaurant hinein, die Gäste provozierend musternd. Zögernd standen diese auf, hoben den Arm und sangen mit.

Der Professor nickte seiner Familie zu. Er verstand zwar nicht, was hier vor sich ging, aber man musste dem Gastland Respekt erweisen. Ähnliches waren sie von offiziellen Veranstaltungen in Frankreich gewohnt. Sie konnten nicht wissen, dass hier das Horst-Wessel-Lied gesungen wurde, das sie während der Besatzung durch die Deutschen noch oft hören sollten.

Wie alle anderen nahmen sie nach dem Absingen wieder Platz und aßen weiter. Die Versammlung im Nebenraum löste sich auf. Einer nach dem anderen verabschiedete sich mit dem gleichen Gehabe, wie er gekommen war.

Der mit den Abzeichen blieb vor ihnen stehen. Sie hörten erschrocken auf zu essen, als er die Hand hob und laut „Heil Hitler" schrie.

Bis auf den Professor schaute die Familie betreten auf ihre Teller. Was kam jetzt?

Der Braune schnarrte, dass es der ganze Saal mitbekam. „Warum haben Sie vorhin nicht gegrüßt und mitgesungen?"

„Pardon, Monsieur?", sagte der Professor, freundlich lächelnd, und sah sein Gegenüber mit hochgezogenen Augenbrauen fragend an.

„Ach, Sie sind Franzosen?"

„Pardon, Monsieur?"

„Entschuldigen Sie, ich wünsche Ihnen einen schönen Urlaub." Der Herr hatte ihn offensichtlich nicht verstanden. Obwohl, er war ganz sicher, dass die Familie vorhin deutsch gesprochen hatte. An der Türe schaute er noch einmal zurück, die vier schienen ihn nicht mehr wahrzunehmen. Sie unterhielten sich lebhaft und laut auf Französisch.

Als er endlich die Türe hinter sich zugemacht hatte, verstummten alle am Tisch. Keiner hatte mehr Appetit auf Schwarzwälder Kirschtorte.

„Wir gehen", sagte der Professor auf Französisch und erhob sich abrupt. Die anderen folgten ihm erleichtert.

Vor der Türe stand leichenblass der Hotelier, der die Szene beobachtet hatte. „Es tut mir ja so furchtbar leid, Herr Professor. Ich entschuldige mich in aller Form. Aber Sie haben Glück gehabt, als Deutsche wären Sie morgen zumindest auf das Polizeirevier bestellt worden." Er schaute links und rechts den Korridor hinunter und flüsterte leise: „Wir gehen schlechten Zeiten entgegen."

„Machen Sie mir bitte die Rechnung fertig, wir reisen morgen ab", sagte der Professor kurz angebunden auf Französisch.

Auf dem ganzen Heimweg sagte er kein Wort. Am nächsten Tag schrieb er seiner Schwester in Paris und kündigte ihr an, dass im nächsten Jahr Etienne und ein Jahr später sein Bruder Gerard ihr Studium an der Sorbonne aufnehmen wollten und er sehr froh wäre, wenn die beiden bei ihr wohnen könnten. Von einem Studienaufenthalt in Deutschland war keine Rede mehr.

Von da an sprach er, wenn es sich irgendwie vermeiden ließ, weder beruflich noch privat elsässisch und schon gar nicht hochdeutsch.

Der Briefmarkensammler

(2006)

Katharina:	Rudi, Rudi, wo bist du schon wieder!
Rudi:	Was gibt's, Kathrinchen ?
Katharina:	Sag mal, bist du taub?
Rudi:	Wie meinst du das?
Katharina:	Stell dich nicht so an. Du hast mich genau gehört. Und überhaupt, was soll denn das „Kathrinchen"?
Rudi:	Mein Gott, ich bin halt gut drauf. Jetzt sind wir mehr als 30 Jahre miteinander verheiratet und du kennst mich immer noch nicht richtig. Früher war das alles ganz anders.
Katharina:	Früher, da hast du mir Blumen geschenkt und in die Augen geschaut. Aber lassen wir das Thema. Du willst doch mit deinem unschuldigen Getue nur davon ablenken, dass du wieder bei deinen Briefmarken sitzt.
Rudi:	Wie kommst du jetzt da drauf?
Katharina:	Wenn ich dich nicht mehr sehe und im ganzen Haus nichts höre, kein Hämmern und Bohren und kein Gebrummel, dann sitzt du im Keller in deinem Hobbyraum. Da werden Briefmarken eingeweicht, getrocknet, sortiert, manche bügelst du auch noch. Wie wäre es, wenn du mal unsere Wäsche bügeln würdest?
Rudi:	Ich weiß nicht, was du gegen meine Briefmarken hast. Das ist das friedlichste Geschäft der Welt.

	Ich tue keinem etwas, ich schau nicht nach anderen Frauen, was willst du eigentlich? Andere wären froh, sie hätten so einen soliden Mann.
Katharina:	Komm mir nicht mit anderen. Andere leeren freiwillig den Mülleimer und hacken Erdbeeren.
Rudi:	Ja, richtig, ich könnt auch noch den Kompost umsetzen und den Teich leerschaufeln. Und das Holz habe ich ganz vergessen, das müsste auch noch in den Keller getragen werden. Und das alles an meinem freien Tag. Soll ich mich vielleicht ganz kaputt machen? Ab und zu muss ich mich halt auch mal erholen. Und am liebsten mache ich das bei meinen Briefmarken.
Katharina:	Wie man sich bei so etwas erholen soll, kapiere ich nicht. Du sitzt stundenlang mit krummem Rücken da und schaust dir die Augen aus. Wahrscheinlich träumst du davon, mal so etwas wie die blaue Mauritius zu finden.
Rudi:	Ich habe dir schon tausendmal erklärt, der Wert einer Briefmarke ist nicht das Wichtigste. Man erfreut sich an den schönen Bauwerken, Landschaften, berühmten Persönlichkeiten und was es sonst noch alles gibt.
Katharina:	Und nackte Weiber!
Rudi:	Dass ich nicht lache. Das sind Bilder von Gemälden, richtige Kunstwerke.
Katharina:	Dann weiß ich nicht, warum du gerade bei diesen Kunstwerken deine größte Lupe nimmst. Auf jeden Fall fühle ich mich vernachlässigt.
Rudi:	Da unten denk ich oft an dich, das kannst du mir ruhig glauben.
Katharina:	Aber wenn ich dich rufe, stellst du dich taub.
Rudi:	Das ist überhaupt nicht wahr. Manchmal zucke ich richtiggehend zusammen.

Katharina:	Sag bloß, du hast Angst vor mir.
Rudi:	Vor dir nicht, aber vor der Arbeit, die du dir immer ausdenkst. – Übrigens, dass ich es nicht vergesse, am nächsten Sonntag ist Tauschtag.
Katharina:	Nicht schon wieder. Jedes Mal das Gleiche. Ich koche uns ein schnuckeliges Essen mit einer guten Soße, so wie du es gerne hast. Und dann warte ich und warte. Bis du dann nach Hause kommst, ist alles verkocht.
Rudi:	Jetzt mach nicht so ein Theater. Ich bin immer der Erste, der geht.
Katharina:	Des letzte Mal hast du auch noch nach Alkohol gerochen.
Rudi:	Mensch, zwei Schnapspralinen hab ich gegessen, und das nur aus Anstand, gut waren sie nicht.
Katharina:	Mit dem Anstand kann man es auch übertreiben. Zu Hause lässt du dich in den Sessel fallen und streckst alle Viere von dir.
Rudi:	Mein Gott, jeden Wunsch lese ich dir von den Augen ab, was soll ich noch alles tun? Dir die Füße küssen?
Katharina:	Das wäre keine schlechte Idee. Bei Gelegenheit erinnere ich dich wieder daran. A propos Füße: Wieso hast du deine Wanderschuhe rausgestellt?
Rudi:	Am Samstag ist doch die Wanderung von den Briefmarkensammlern. Da können auch die Partner mitgehen.
Katharina:	Und das sagst du mir erst heute?
Rudi:	Das habe ich dir schon vor vier Wochen gesagt.
Katharina:	Nichts hast du gesagt. Mich würde aber schon interessieren, warum die Briefmarkensammler seit Neuestem wandern.
Rudi:	Na ja, zuerst wandern wir und dann treffen wir uns mit den Bruchsalern zum Tauschen.

Katharina: Und du denkst, ich gehe mit, setze mich neben‑ dran und warte, bis ihr fertig seid? „Schau mal, ein Fehldruck!" Oder: „Hast du den Adenauer schon in Rot gesehen?" Und alle stieren auf den kleinen Fetzen Papier und sind ganz aus dem Häuschen. Beim letzten großen Fund hat sich dann herausgestellt, dass die Tochter die Brief‑ marke angemalt hatte.

Rudi: Du verstehst das einfach nicht. Der Mensch ist zum Sammler geboren, das ist ein Urtrieb.

Katharina: Wenn das so ist, könntest du deinen Trieb im Garten ausleben und Fallobst zusammenlesen.

Rudi: Gut, genau das mache ich jetzt, damit du endlich Ruhe gibst.

Katharina: Dann kannst du von mir aus heute Abend auch wieder in den Keller zu deinen Briefmar‑ ken gehen. Rotwein trinken und fernsehen kann ich auch alleine.

Rudi: Heute Abend kommt ein klasse Krimi im Fernsehen, den will ich sehen. Bei dem gehts auch um einen Briefmarkensammler. Der hat sich von seinen Briefmarken immer Anregungen geholt. Zum Beispiel beim Sonderdruck „200 Jahre deutsche Chemie" hat er Rattengift be‑ sorgt und seiner Schwiegermutter in den Kaffee gerührt. Bei der Briefmarke von der ersten Fahrt der Bertha Benz von Mannheim nach Pforzheim kam ihm die Idee, die Bremsleitung am Auto seiner Frau anzuschneiden. Die meckerte nicht mehr wegen dem Briefmarkensammeln.

Katharina: Herzlichen Dank für den Tipp. Vielleicht gibt es da auch ein paar Anregungen für die Frau von so einem Briefmarkensammler, was meinst du dazu, mein liebes Rudilein ...?

Die Runde im Horrenberger Wald

(1990)

Reinhard Wolf nahm seinen Stock aus dem Kofferraum und verschloss mit einem Druck auf den Schlüssel das Auto. Dann sah er nach, ob die Zentralverriegelung richtig funktioniert hatte. Irgendwie traute er der Technik nicht so ganz. Drüben an der Hütte grillte eine türkische Familie, im seichten Wasser schleppten zwei kleine Buben in Gummistiefeln Steine, um einen Übergang über den schmalen Krebsbach zu bauen.

Als die beiden Kinder zu ihm hochschauten, ging er weiter Richtung Naturschutzgebiet. An den Büschen waren die ersten zartgrünen Blattknospen zu sehen. Unter dem lichten Wald lag ein weißer Teppich aus Annemonen, dazwischen Platten mit gelben Dotterblumen. Er bückte sich zu den blauen Märzen-Veilchen und pflückte eines. Er betrachtete die zarten Blütenblätter und den winzigen, blattlosen Stiel. Als Kind hatte er sie immer für seine Mutter gepflückt. Er erinnerte sich, dass sie ganz verschiedene Farben hatten, manche waren ganz hellblau, andere eher violett.

Ein Stück weiter sah er vereinzelt gelbe Schlüsselblumen am Bachrain. Dahinter das Feuchtgebiet mit den umgestürzten Bäumen und im Sonnenlicht glänzenden Tümpeln. Er atmete tief durch. Wieder einmal hatte die Natur gesiegt, die blühenden Bäume, die würzige Luft, das Zwitschern der Vögel.

Und da war auch schon die Pferdekoppel in Sicht, ein vermatschtes Grundstück und ein braunes Pferd mit angerauter Mähne. Es hob den Kopf und blähte die Nüstern, dann trottete es langsam zum Zaun. Reinhard holte ein trockenes Brötchen aus der Hosentasche und streckte es ihm entgegen. Das Pferd schnappte danach und zermalmte es zwischen den Zähnen. Fragend schaute es ihn an.

„Tut mir leid, ich habe nichts mehr. Ein anderes Mal wieder."

Träge trottete es weiter und schnüffelte auf dem kahlgefressenen Boden, als ob es die Begegnung mit Reinhard nicht gegeben hätte. Der hob einige Sekunden mit geschlossenen Augen sein Gesicht den wärmenden Sonnenstrahlen entgegen. Er erinnerte sich an den letzten Spaziergang mit Vera. Hier im Wald hatte sie sich mühsam gebückt und einen Strauß gelber Schlüsselblumen gepflückt. Er war damals einfach daneben stehen geblieben und hatte ihr zugeschaut. „Willst du mir nicht helfen?", hatte sie gefragt.

„Du weißt doch, dass ich mich nicht gerne bücke!", war seine schlecht gelaunte Antwort gewesen.

Jetzt hätte er ihr gerne einen Strauß ans Grab gebracht und sie um Entschuldigung gebeten.

Da kamen ihm zwei Reiterinnen auf schwarzen Pferden entgegen. Er trat zur Seite. Die jungen Frauen dankten mit freundlichem Lächeln. „Schöne Pferde", dachte er, „wie das Fell glänzt und die schlanken Fesseln."

Kurz bevor er in den Kirchenweg einbog, sah er Wagners vom Gasthaus zum Wiesengrund heraufkommen. „Schon lang nicht mehr gesehen", begrüßte er sie. „Waren Sie in Urlaub?"

„Ach, meiner Frau ging es nicht so gut, das Herz."

Reinhard nickte. „Und, jetzt geht es wieder besser?"

„Na ja, es muss. Wenigstens können wir wieder bis zum Wiesengrund. Wir lassen uns halt Zeit. Nach einem Viertele Wein läuft es sich dann wieder besser."

„Ich hab auch meine Probleme.", Reinhard zeigte auf seinen Stock. „Meine Hüfte, irgendwann wird sicher eine Operation fällig."

Der Weg zog sich in einer langen Rechtskurve hoch. Die Himbeeren am Wegrand setzten schon kleine grüne Blättchen an. Der ganze Hang war mit hohen Tannen bewachsen. Da war einmal die Schonung gewesen, in der sie vor vielen Jahren Himbeeren gesammelt hatten. „In den 70ern oder 80ern?" Er brachte es nicht mehr zusammen.

Da hörte er eine lebhafte Frauengruppe näher kommen, Nordic-Walkerinnen mit ihren Stecken. „Dass man so schnell gehen und gleichzeitig so viel reden kann!"

Sie grüßten fröhlich: „Hallo Herr Wolf, auch wieder unterwegs?"

„Das nächste Mal laufe ich bei euch mit!"

„Kein Problem, wir holen Sie auch zu Hause ab."

Oben wurde es flacher, rechts der Blick auf einen ehemaligen Hohlweg. „Hier sind sie früher mit ihren Fuhrwerken gefahren." Dann kam eine starke Steigung, er musste ein paar Mal stehen bleiben, um Luft zu holen, sein Hemd klebte am Rücken. An der Kälberer-Hütte angekommen, ein aus Baumstämmen gezimmertes kleines Jagdhaus, nach einem Fabrikant und Jagdpächter aus den 60er-Jahren benannt, ruhte er sich einen Moment auf der Bank aus und genoss die Aussicht. Nach Osten konnte man weit über bebaute Felder sehen, sonst überall hohe Bäume und dichtes Unterholz. Hinter ihm klopfte ein Specht Stakkato, im Gebüsch jagten sich zwei Meisen.

Auf dem Rückweg begegnete ihm Herr Schneider, auch ein alter Bekannter. Er war ganz aufgebracht: „Da vorne liegt schon wieder ein überfahrener Salamander. Nicht mal hier im Wald sind sie sicher."

Reinhard konnte den toten Salamander nicht finden, dafür eine Blindschleiche, die er mit dem Stock ins schützende Gras trug. Das letzte Stück Weg, auf dem es steil nach unten ging, liebte er besonders. Die Wasserflächen des Naturschutzgebietes reflektierten die Sonne. „Wie flüssiges Silber", dachte er.

Dann wieder am Parkplatz. Die Walking-Frauen machten vor seinem Auto Dehnungsübungen. „Mitmachen, Herr Wolf", lachte ihn eine hübsche Brünette an.

„Dafür bin ich zu alt."

„Na, übertreiben Sie nicht!"

Er lachte: „Vielleicht ein anderes Mal."

Zuhause wollte er der Enkelin in Amerika endlich auf ihren langen Brief antworten und seinen Cousin Elmar musste er auch einmal wieder anrufen. Zuerst würde er sich aber ein Schinkenbrot machen und die Flasche trockenen Weißburgunder aufmachen, den er zum letzten Geburtstag von seinen Nachbarn geschenkt bekommen hatte. Wieder einmal ging ein Tag zu Ende im Leben eines einsamen alten Mannes, einer wie jeder andere, und doch ein wenig anders. Die Sonne war heute wärmer gewesen, das Pfeifen der Vögel lauter und der Geruch nach Erde und Leben stärker.

Die Besatzer ausgetrickst

(1944)

Josef schenkte dem Postboten einen Mirabellenschnaps ein. „Irgendwann wird der Stellungsbefehl für meinen Arnaud kommen. Könntest du mich vorher anrufen, damit wir darauf vorbereitet sind?"

Der Postbote grinste: „Aber ja, einen Tag lang kann ich ihn schon liegen lassen."

„Du hast mich verstanden, es soll dein Nachteil nicht sein."

„Was hast du vor? Macht keine Dummheiten, sonst holen sie euch alle ab, und vom Struthof ist noch keiner zurückgekommen."

„Du sagst Sachen, an die habe ich nicht im Traum gedacht."

An einem Samstagnachmittag läutete das Telefon. „Am Montag bringe ich Post." Josef wusste Bescheid.

Es hatte schon seit zwei Wochen kräftig geschneit und so lud er für Sonntag seine Neffen und Nichten aus der Stadt ein. Sie hatten einen großen Schlitten, der normalerweise zum Holztransport verwendet wurde. Damit fuhr die ganze Familie ein- oder zweimal im Winter einen langen Waldweg hinunter. Im Tal gab es immer ein deftiges Picknick, bei dem auch viel Wein getrunken wurde, man hatte schließlich genug davon im Keller.

Josef saß vorne und steuerte mit einem Brett, das wie ein Ruder zwischen den Holmen befestigt war, Arnaud saß neben ihm. Als sie sich in voller Fahrt befanden, fuhren sie über ein Hindernis, kamen vom Weg ab und stießen gegen einen Baum, so unglücklich, dass das Bein seines Sohnes mit großer Wucht eingeklemmt wurde. Der Schlitten drehte sich, fiel auf die Seite und alle landeten im Schnee. Arnaud lag mit seltsam abgewinkeltem Bein auf dem Boden, ohnmächtig, aber er atmete noch, wie Onkel Achille feststellte. Der war im Krieg Sanitäter gewesen und kannte sich aus. Mit seinen Söhnen hob er Arnaud wieder auf den Schlitten, der zum Glück einigermaßen heil geblieben war. Nachdem sie das Bein mit einem Ast und Taschentüchern geschient hatten, kam der Junge wieder zu sich. Der Schmerz in seinem Bein war furchtbar, er stöhnte laut.

Onkel Achille und der fünfzehnjährige René fuhren ihn ins Tal. Die anderen mussten den Abstieg mühsam zu Fuß machen, keiner hatte den Vorgang richtig beobachtet und sie diskutierten heftig, wie so etwas passieren konnte. Der Onkel fuhr doch sonst immer so sicher. Im Dorf stand zum Glück Achilles Auto, mit dem sie den Verletzten ins Krankenhaus nach Colmar fuhren.

Ein paar Tage später saß die ganze Familie um das Bett des Kranken. Er hatte einen riesigen Gips. Obwohl noch recht blass, klang er schon wieder ganz munter: „Der Oberarzt meinte, ich habe Glück gehabt. Es war ein glatter Oberschenkelbruch. Ich habe auch keine Schmerzen mehr. In acht Wochen kann ich wieder laufen."

Josef beschwichtigte: „Nun übertreib nicht, das muss gut ausheilen." Er holte den Stellungsbefehl aus der Tasche und legte ihn auf den Nachttisch. „Das hat sich damit erledigt. Für das nächste halbe Jahr bist du wehruntauglich geschrieben."

Bei jedem Besuch brachten die Eltern Wein, Speck, Butter und Eier für die Ärzte und Schwestern mit. Eines Tages nahm ihn der Stationsarzt auf die Seite: „Wir können Ihren Sohn beim besten Willen nicht länger hier behalten. Normalerweise wäre er nach sechs Wochen entlassen worden, jetzt ist er schon drei Monate hier. Und so wie er mit den Krankenschwestern flirtet, scheint es ihm recht gut zu gehen."

Josef nickte: „Dann nehme ich ihn halt wieder mit. Aber Sie wissen, was das bedeutet. Die Deutschen werden ihn nach Russland schicken."

Der Arzt zögerte: „Im Vertrauen, unser Chef kommt aus einer alten elsässischen Familie, er ist Spezialist für Magengeschwüre." Schon im Gehen brummelte er: „Versuchen Sie es dort einmal."

Arnaud arbeitete wieder wie vor dem Unfall. Der Ortsgruppenleiter hatte schon mehrfach nachgefragt, wie lange er noch krank sei und ob solch ein kräftiger Bursche nicht endlich das Vaterland verteidigen wolle.

Da kam wieder einmal der Anruf des Postboten. Am gleichen Tag ging Josef mit seinem Sohn ins Krankenhaus.

„Der Professor hat heute keine Termine mehr frei und das hat überhaupt nichts damit zu tun, dass Sie ein elsässischer Bauer sind", wies die Sekretärin die beiden ab. In dem Moment kam ein graumelierter Herr im weißen Kittel mitten in einer Gruppe von Ärzten und Schwestern, die kaum mit ihm Schritt halten konnten, den Gang herunter. „Was gibt es denn, Brigitte? Man hört Sie auf dem ganzen Stockwerk."

„Der Herr da", sie zeigte auf Josef, „glaubt mir einfach nicht, dass er heute keinen Termin mehr bekommen kann. Er möchte unbedingt, dass Sie seinen Sohn untersuchen."

Der Professor musterte den jungen Mann, der verlegen auf den Boden schaute, weil er sich für das Gepolter seines Vaters schämte. „Ein paar Minuten können wir schon erübrigen."

Im Sprechzimmer forderte er die beiden Männer vor seinem Schreibtisch auf: „Jetzt erzählen Sie möglichst kurz, um was es geht!"

„Mein Sohn hat einen Stellungsbefehl nach Ostpreußen erhalten. In zehn Tagen muss er einrücken. Es ist ja bekannt, was das bedeutet. Ich habe nur ihn und brauche seine Arbeitskraft dringend in den Weinbergen."

„Das tut mir leid, aber was wollen Sie von mir?"

„Der Stationsarzt Schwender hat gemeint, Sie sind Spezialist für Magengeschwüre. In letzter Zeit hat Arnaud oft Magenweh und er verträgt das Essen nicht mehr."

„Woher kennen Sie den Oberarzt?"

„Arnaud lag auf der orthopädischen Station."

„Ach, jetzt erinnere ich mich. Sie sind der Winzer, der das ganze Krankenhaus mit Sylvaner versorgt hat." Resigniert hob der Arzt die Hand. Wenn er die beiden ansah, konnte er nicht anders. „Bringen Sie Ihren Sohn in die Röntgenabteilung", er lächelte verschmitzt, „aber nicht dass er unterwegs ein Geldstück verschluckt, das sieht man auf dem Röntgenbild, haben Sie mich verstanden?" Er schob die beiden hinaus auf den Flur.

Im Büro setzte er sich an den Schreibtisch und stützte den Kopf auf die Hände. „Wann wird der Wahnsinn vorbei sein?" Arnaud wäre der sechzehnte, den er vielleicht vor dem Kriegsdienst retten konnte, aber wie lange noch?

Immer wenn ein Stellungsbefehl für Arnaud kam, wurde im Krankenhaus sein Magengeschwür behandelt. Dazwischen erholte er sich bei den Eltern, in den Weinbergen und im Keller. Da er so krank war, konnte er nur leichte Arbeiten verrichten, was Josef nicht müde wurde dem Bürgermeister und dem Ortsgruppenleiter bei jeder Gelegenheit zu erzählen.

Im November 1944 wurde der Chefarzt abgelöst, an die Ostfront geschickt und durch einen deutschen Militärarzt ersetzt, der einen Fuß verloren hatte. Jetzt blieb Arnaud so zu Hause.

Die Familie saß nach dem Füttern und Melken gerade am Frühstückstisch, als die Küchentüre aufgerissen wurde, Cousine Amelie hereinstürzte und sich schwer atmend auf einen Stuhl fallen ließ. „Arnaud muss weg!", brachte sie mühsam heraus. „Militär durchkämmt die Häuser, bei Hartmanns haben sie auf dem Dachboden durch die Schränke geschossen und den kleinen Michel getroffen, der sich dahinter versteckt hatte. Arnaud, hau ab!" Alle waren vom Tisch aufgesprungen, nur Josef war sitzen geblieben. „Ruhig jetzt. Die Streife ist noch im Unterdorf. Es dauert sicher noch eine Viertelstunde, bis sie hier sind."

„Josef, wie kannst du nur so ruhig sitzen bleiben, tu etwas", schrie seine Frau.

„Setzt euch, ihr müsst aber alle mitmachen," beruhigte er.

„Ich muss Sie darauf aufmerksam machen, Herr Feldwebel, wir haben eine Quarantänestation im Haus. Wenn Sie erlauben, zeige ich Sie Ihnen, während die anderen zuerst einmal in der Küche Platz nehmen." Josef hatte die fünf Soldaten am Tor in Empfang genommen. Zu seiner Frau sagte er: „Chlothilde, hol den Soldaten einen Krug Edelzwicker."

An der Schlafzimmertür seiner Mutter hing ein großes Schild „Achtung Scharlach". Unten in der Ecke stand „Gesundheitsamt Colmar", darüber war eine unleserliche Unterschrift gekritzelt.

Der Feldwebel starrte auf das Schild. Was hatte das zu bedeuten? Er traute diesen Elsässern nicht. Und was sollte dieses von Hand geschriebene Schild ohne Stempel?

Josef ahnte, was in dem Soldaten vorging: „Gehen Sie nur rein." Zwischen dem hohen Kopfkissen und zwei aufgetürmten Federbetten war ein winziger Kopf zu erkennen, ein altes Gesicht mit wirr in die Stirn hängenden Haaren, die Augen starr gegen die Decke gerichtet. Der Feldwebel trat einen Schritt näher, sie hatte tatsächlich die typischen roten Flecken im Gesicht und am Hals, er schrak zurück.

Josef ermunterte ihn: „Gehen Sie nur näher, unsere Oma bekommt nichts mehr mit."

Der Feldwebel schaute unter das Bett, da stand nur ein Nachttopf.

Als er in die Küche kam, saßen die Soldaten um den großen Holztisch, jeder ein Weinglas in der Hand. Die zwölfjährige Kathrin schenkte rundum ein, am Herd stand ihre Mutter und briet Speck und Spiegeleier, der Duft stieg verführerisch in die Nase. „Irgendetwas stimmt hier nicht", sagte ihm sein Landser-Instinkt. „Das Haus wird systematisch durchsucht, vor allem Keller und Speicher", befahl er. Nur widerwillig erhoben sich die vier, schnallten ihre Koppeln fest und machten sich missmutig auf den Weg.

Sie waren schnell wieder da, und während Josef und sein Schwiegervater Geschichten vom letzten Krieg erzählten, tranken sie ein Glas Edelzwicker nach dem anderen. Die Landser hörten kaum hin, vom Krieg hatten sie eigentlich genug. Nach zwei Stunden machten sie sich schließlich auf den Weg. Josef schwatzte ihnen zum Abschied noch einen Mirabellenschnaps auf.

Draußen vor dem Tor sagte der Unteroffizier. „Sollen wir wirklich die anderen Häuser auch noch durchsuchen? Das ist doch alles sinnlos. Das Geschrei der Mutter heute Morgen habe ich jetzt noch in den Ohren."

„Halt's Maul, oder willst du vors Kriegsgericht?", schrie ihn der Feldwebel an und zur Gruppe: „Stillgestanden, Obergefreiter Maier, haben wir das ganze Dorf durchsucht? Machen Sie Meldung!"

Dieser schlug verdutzt die Hacken zusammen und schrie zurück: „Feldwebel, melde, haben das ganze Dorf durchsucht und keine Partisanen gefunden."

„Was für Partisanen? Du bist wohl besoffen. Abmarsch."

Auf dem Herweg hatten sie oben in den Weinbergen eine Holzhütte gesehen. Dort ließ der Feldwebel anhalten und die Türe aufbrechen. Sie feuerten den Ofen mit Reisig und Holz, das unter dem Vordach aufgeschichtet war, legten sich auf den Dielenboden und schliefen in der mollig warmen Hütte bis zum nächsten Morgen ihren Rausch aus. Im Halbschlaf murmelte der Obergefreite Maier: „Das mit der Quarantäne war doch ein Trick, oder?"

Der Unteroffizier schnauzte ihn an: „Mensch, seit wann ist dein Dienstgrad zum Denken da? Hauptsache, wir sind mal wieder satt geworden. Kein Wort mehr davon, vor allem, wenn wir zurück sind."

Terroristen

(2008)

„Chauffeur scheint ein gefährlicher Beruf zu sein", ging es Bertram durch den Kopf, als er in den Zehn-Uhr-Nachrichten hörte, dass der Fahrer von Bin Laden von allen Gefangenen in Guantanamo als Erster verurteilt wurde.

Liane, die schon eine ganze Weile abwechselnd in den Rück- und in den Außenspiegel geschaut hatte, unterbrach seine Gedanken: „Schau mal, da fährt dauernd ein grüner Passat im Wechsel mit einem schwarzen BMW mal hinter, mal vor uns."

Er lachte: „Meinst du, wir werden beschattet?"

„Seltsam ist das schon."

„Warum sollte uns jemand beschatten? Weil wir letztes Jahr im Iran waren?"

„Das kann man nie wissen."

„Mach dich nicht verrückt, das ist bestimmt Zufall. Gut, dass wir in Besançon übernachten können, dann wird die Fahrt nicht so lang, wir haben immerhin noch 620 Kilometer vor uns bis Grenoble."

„Schön, dass uns Alain und Martine ihr Haus überlassen."

„Sie wollten doch noch ihren Cousin im Jura besuchen, deswegen sind sie zwei Tage früher gefahren."

Bertram und Liane wurden tatsächlich überwacht, auf der deutschen Seite des Rheins vom Bundesnachrichtendienst und auf der anderen Seite ab Mulhouse von der DST, dem französischen Inlands-Geheimdienst „Direction de la Surveillance de Territoire".

Ausgelöst hatte die Aktion eine Mail, das Silvia Burger von der Abteilung „Technische Beschaffung" des BND eine Woche vorher ihrem Chef vorgelesen hatte. „Bertram, du findest den Hausschlüssel unter dem zweiten Blumentopf am Fenster rechts vom Eingang. Wenn ihr das Haus verlasst, werft den Schlüssel in den Briefkasten des Nachbarhauses links von uns. Da wohnt ein Schotte, der weder deutsch noch französisch spricht. Wir erwarten dich dann in Grenoble."

„Was halten Sie davon?", fragte Silvia.

„Ein Schotte in Frankreich, der kein Französisch spricht, das sieht mir ganz nach Codewort aus. Gehen Sie mal der Sache nach", wurde sie aufgefordert.

Drei Tage später war Silvia wieder beim Abteilungsleiter. „Wir haben Erkundungen eingezogen und uns in den Server eingeloggt. Auf deutscher Seite haben wir es mit einem 31 Jahre alten Bertram Röderer zu tun, Gymnasiallehrer für Politik und Deutsch, wohnhaft im badischen Bruchsal, liiert mit einer Liane Ottmann. Er gehört keiner Partei an, zählt aber zum linken Flügel der Gewerkschaft Erziehung und Wissenschaft. Seine Lebensgefährtin trägt den Namen des dritten Kalifen nach Mohammed, was auf Wurzeln im Orient schließen lässt. Auch die Adressaten, das Ehepaar Alain und Martine Meunier, sind nicht ohne. Beide gehörten in ihrer Studentenzeit zu einer linken Gruppierung. Die Frau ist in Besançon schon mehrmals wegen ihres dreisten Eintretens für Asylanten aufgefallen. Nach den Mails, die ausgetauscht wurden, treffen sich die beiden Paare mit Lucien und Marie Dulin in Grenoble. Über die wissen wir allerdings so gut wie nichts."

„Das sind oft die Gefährlichsten", unterbrach der Abteilungsleiter, „Schläfer, die irgendwann einmal aktiviert werden. Aber fahren Sie fort."

„Lucien arbeitet als Physiker bei Electricité de France und Marie hat an der Uni in Grenoble eine Zeitlang Orientalistik studiert."

„Das alles passt zu den Hinweisen von unseren amerikanischen Freunden: Islamisten-Zellen versuchen ehemalige kommunistische Studentenkader zu aktivieren. Dazu kommt, dass Grenoble für einen Anschlag ideal ist. Zum einen ist es auf der ganzen Welt durch die Olympiade bekannt, zum anderen liegen drei Kernkraftwerke in der Nähe. Außerdem ist es zur italienischen und Schweizer Grenze nicht weit und eine Autobahn führt nach Marseille zu Hafen und Flughafen."

„Fast hätte ich es vergessen", ergänzte Silvia, „die Paare haben sich auf einer Kulturreise im Iran kennengelernt."

„Wahrscheinlich haben sie dort letzte Anweisungen von Bin Laden eingeholt. Ich sage Ihnen, wir stehen kurz vor dem Ausbruch einer neuen Welle von Terrorangriffen." Er stand auf und streckte Silvia die Hand entgegen. „Ich danke Ihnen für das, was Sie für das Vaterland getan haben und wäre froh, ich hätte noch mehr solche Mitarbeiter."

Als der rote Corsa in Besançon in die Sackgasse zu dem kleinen Haus der Meuniers einbog, hatte bereits ein Sonderkommando der Police Nationale mit Ferngläsern und Präzisionsgewehren in drei umliegenden Häusern Posten bezogen. Ein Agenten-Liebespaar umarmte sich gegenüber der Hofeinfahrt zärtlich und ein heruntergekommener Säufer lungerte vor dem Haus des Schotten herum. Die gemeinsame Sondereinsatzzentrale von BND und DST in Straßburg, durch Standleitungen mit dem deutschem Kanzleramt und dem Büro des französischen Staatspräsidenten verbunden, hatte die Creme der französischen Inland-Agenten aufgeboten. Es wurde beobachtet, dass Bertram und Liane in dem Haus die Rollläden nicht hochzogen und das Auto völlig leer geräumt eine Straßenecke weiter abgestellt hatten. Außerdem verriegelten sie das Hoftor, das vorher offen stand, und verließen das Grundstück nicht mehr.

Für den fließend deutsch und französisch sprechenden Einsatzleiter Charles Metzger, einen Elsässer, war dies ein höchst verdächtiges Verhalten und die Bestätigung seiner Vermutung, dass ihnen hier eine gefährliche Gruppe ins Netz gegangen war.

Am nächsten Morgen fieberten in der Einsatzzentrale alle der Festnahme der Terroristen entgegen. Kanzlerin und Staatspräsident hatten schon miteinander telefoniert und ihre Presseauftritte abgesprochen. Bis zum nächsten Abend sollte die Angelegenheit geklärt sein, da Monsieur le Président in zwei Tagen zu einem Staatsbesuch nach China abreiste.

Während morgens Bertram und Liane ihr Gepäck verstauten und die Fahrräder auf dem Dach festzurrten, machte ein als Elektriker getarnter Agent von einem Strommasten aus die Beobachtung, dass ein viereckiger Metallkoffer eingepackt wurde, der am Tag zuvor nicht registriert worden war.

Auf der Fahrt nach Grenoble geschah bis kurz vor Lyon nichts Spektakuläres. Das deutsche Fahrzeug bog unerwartet in Richtung Innenstadt ab, so dass Dutzende von Agentenfahrzeugen umgeleitet werden mussten. Unerfahrene Beobachter hätten Betram und Liane bei ihrem Gang durch die Altstadt als harmlose Touristen eingestuft. Die sie umschwirrenden Agenten hingegen erkannten, dass sie Höhe und Breite markanter Gebäude abschätzten, versteckte Winkel aufspürten und Fluchtwege erkundeten. Besonders verdächtig machten sie sich, als sie eine Zeitlang nachdenklich auf einer Bank sitzend, hochkonzentriert und manchmal die Augen schließend, ihre Umgebung beobachteten.

Während Bertam und Liane am späten Nachmittag in Grenoble ihre Koffer bei den Dulins auspackten, die Fahrräder im Keller verstauten und sich zum Aperitif mit den anderen im Garten trafen, wurden die Bewohner der umliegenden Häuser unauffällig evakuiert. Die Polizisten erklärten ihnen, dass Bauarbeiter auf der Straße versehentlich eine Gasleitung aufgerissen hätten.

Die Gespräche aus dem Garten wurden mit Richtmikro-
phonen aufgenommen und in die Einsatzzentrale übertragen.
So erfuhr diese, dass Alain und Martine am Tag zuvor eine
Höhle besichtigt hatten, die der Résistance im Zweiten Weltkrieg als Versteck gedient hatte. Lucien war auch nicht untä-
tig geblieben. Er war entlang der Isère bis zur Atomanlage
„Romans-sur-Isère" geradelt und hatte die Gegend erkundet.

Bei Metzger läuteten jetzt alle Alarmglocken, für ihn stand
ein Terroranschlag unmittelbar bevor. Einwände subalterner
Beamten, dass man weder Waffen noch Sprengstoff gesichtet
habe, wurden abgetan. Unterstützt wurde er vom Vertreter des
französischen Finanzministeriums. Dieser wollte die Aktion
schnell beenden, weil er die Ausgaben schon ins Uferlose stei-
gen sah. Auch die Pressereferenten von Kanzlerin und Präsident wollten die Angelegenheit möglichst rasch erledigt haben, da der Zugriff in den nächsten 24 Stunden optimal in den
Terminkalendern beider Regierungschefs unterzubringen wäre.
Und wann schon hatte man einen solch glücklichen Zufall?

Nach Uhrenvergleich und Ausgabe des Codeworts „Skor-
pion" fiel um 20.13 Uhr die französische Anti-Terror-Spezial-
einheit in Haus und Garten der Dulins ein. Schwarzgekleidete,
maskierte Männer stürmten durch Haus- und Kellertüre, eine
andere Gruppe ließ sich von zwei Seiten über die Gartenmau-
ern fallen. Innerhalb weniger Sekunden standen 12 Maskierte
mit schussbereiten Maschinenpistolen im Kreis um die sechs
Freunde, die sich gerade noch angeregt in deutsch-französi-
schem Kauderwelsch unterhalten hatten. Alain bückte sich
nach der Olive, die ihm vor Schreck aus dem Mund gefallen
war, Betram hatte Militärerfahrung und warf sich flach auf den
Boden, Liane kippte vor Schreck mit dem Stuhl nach hinten,
Martine fiel ohnmächtig auf die Tischplatte und Lucien um
Gnade winselnd auf die Knie. Nur Marie, die das Geschehen
nicht richtig realisierte, band sich die Schnürsenkel. Als Metzger „Feuer" in die Ohrstöpsel seiner Leute brüllte, weil die

Terroristen auf das „Hände hoch" des Gruppenführers nicht reagierten, schossen die zwölf Spezialisten von leicht schräg oben genau dorthin, wo die sechs Terroristen noch vor wenigen Sekunden ihre Köpfe hatten. Ein Agent filmte mit einer Videokamera vom Nachbarhaus, so dass Metzger das Geschehen am Bildschirm mit offenem Mund verfolgen konnte. Er staunte; kaum geschossen, fielen seine Leute allesamt zwischen die schon auf dem Boden liegenden Terroristen.

Kühlen Kopf bewahrend befahl er einer dritten Gruppe, die in zwei Hubschraubern über dem Haus kreiste, sich abzuseilen und die Situation zu klären. Sie fanden Kameraden mit Schusswunden in den Beinen, die sich vor Schmerzen auf dem Rasen wälzten, und unverwundete Terroristen, die vor Todesangst regungslos auf dem Boden lagen. Erleichtert ließen diese sich festnehmen.

Eine Stunde später wurde in der Einsatzzentrale in Straßburg Bilanz gezogen, die zuständigen Staatssekretäre aus beiden betroffenen Ländern waren zugeschaltet.

„Meine Damen und Herren", eröffnete Metzger die Sitzung, „ich kann Ihnen die erfolgreiche Beendigung eines deutsch-französischen Anti-Terror-Einsatzes mitteilen. Ich bedanke mich bei den deutschen Kollegen ausdrücklich für die ausgezeichnete Zusammenarbeit. Leider wurden zwölf unserer besten Leute beim Einsatz verwundet. Sie wurden für entsprechende Verdienstorden vorgemerkt."

„Kommen Sie zur Sache", mischte sich der deutsche Staatssekretär ein. „Was haben Sie an Waffen, Plänen, Sprengstoff gefunden? Die Frau Kanzlerin will Fakten hören."

„Wie waren die Terroristen bewaffnet, schließlich haben sie eine ganze Gruppe unserer Eliteeinheit außer Gefecht gesetzt?", wurde er vom französischen Kollegen unterstützt.

„Das mit den Verwundungen waren nur unglückliche Umstände. Unsere Leute haben die Terroristen verfehlt und sich dadurch gegenseitig in die Beine geschossen."

„Das würde ich aber nicht an die Öffentlichkeit kommen lassen", meinte der deutsche Staatssekretär.

„Im Eifer des Gefechts kann so etwas vorkommen. Wo gehobelt wird, fallen Späne", versuchte Metzger seine Leute in Schutz zu nehmen. „Viel gravierender ist, dass wir mit der Auswertung des sichergestellten Beweismaterials nicht so richtig vorwärts kommen. Wir müssen die sechs Terroristen einem verschärften Verhör unterziehen."

„Wir könnten sie den CIA-Spezialisten in der amerikanischen Botschaft übergeben", schlug der deutsche Staatssekretär vor, „das ist exterritoriales Gebiet und die Menschenrechte müssen da nicht eingehalten werden."

Der französische Staatssekretär erhob Einspruch: „Was die Amerikaner können, können wir schon lange."

„Illegale Verhörmethoden auf europäischem Boden, dagegen muss ich mein Veto einlegen", entgegnete sein deutscher Kollege, „wenn das publik wird, ist die Frau Bundeskanzlerin politisch am Ende." Sie einigten sich schließlich, dass doch die Spezialisten vom französischen Geheimdienst, unter Hinzuziehung von BND-Fachleuten, die Verhöre durchführen sollten. Außerdem verständigte man sich darauf, dass längeres Eintauchen eines Kopfes in ein Wasserbassin noch nicht gegen die Menschenrechte verstoße.

Am nächsten Morgen war man immer noch nicht weiter gekommen. Französischer Staatspräsident und deutsche Kanzlerin warteten ungeduldig auf Vorlagen für Presseerklärungen. Presseleute fielen den Regierungen und Geheimdiensten auf die Nerven. Sie hatten Gerüchte aufgeschnappt, in denen von einem vereitelten Terroranschlag auf französischem Boden in bisher nicht gekanntem Ausmaße die Rede war.

Um 15.30 Uhr traten schließlich zeitgleich und mit fast identischen Erklärungen der französische Präsident und die deutsche Kanzlerin vor die internationalen Pressevertreter und verkündeten, dass man in bilateraler Zusammenarbeit eine

Gruppe international agierender Terroristen ausgehoben habe. Sechs Personen habe man dingfest gemacht, allerdings habe es auch einige Verwundete gegeben. Weitere Details könne man leider nicht mitteilen, um die Ermittlungen nicht zu gefährden.

Auch nach einer Woche leugneten die Terroristen immer noch jeden Anschlagsversuch. Auch gelegentliches Tauchen der Köpfe in kaltes Wasser trug nichts zur Aufklärung bei. Dutzende Spezialisten in Deutschland und Frankreich suchten fieberhaft und vergeblich, die sichergestellten Beweismittel zu deuten und in einen Zusammenhang zu bringen. Bei Lucien war es eine Flasche mit Salzsäure und Elektrokabel, außerdem Zeichnungen von elektrischen Schaltkreisen auf dem PC, bei Bertram und Liane zwei Kanister mit Benzin und bei Alain und Martine ein Reiseführer vom Iran und eine Schreckschusspistole.

Nach einer Woche schwenkte die öffentliche Meinung um. Tageszeitungen, die vor Ort recherchierten, bezeichneten die sechs als brave Bürger, die bisher noch nie auffällig geworden waren. Ein hochrangiger Gewerkschaftsvertreter erklärte, dass Bertram voll und ganz auf dem Boden der Demokratie stehe, man rief sogar zu einer Solidaritätskundgebung in Berlin auf. Bei Liane stellte man fest, dass ihr Name anders geschrieben wurde als der des Kalifen Othman und seinen Ursprung keinesfalls im Iran hatte. Es stellte sich auch heraus, dass der Nachbar von Alain tatsächlich ein seit Jahren in Frankreich lebender Schotte war, der zwar einige französische Worte sprach, die aber niemand verstand.

Nach vier Wochen drängte der Untersuchungsrichter auf Entlassung der Verdächtigen, da die Verdachtsmomente nicht ausreichten. Plötzlich ging es nicht mehr um Aufklärung, sondern um Schadensbegrenzung. Bei toten Terroristen wäre die Beweislage besser zu gestalten gewesen, seufzte Metzger auf Deutsch und Französisch bei den Besprechungen der engeren

Geheimdienst-Zirkel. Kurz vor der Entlassung wurden die Gefangenen mit Samthandschuhen angefasst, sie durften nach Belieben telefonieren und E-Mails schreiben, erhielten das Mittagessen aus einem Sterne-Restaurant und durften so oft duschen, wie sie wollten.

Auf jeden Fall musste man die sechs Freunde nach insgesamt sechs Wochen Untersuchungshaft mit umständlichen Entschuldigungen entlassen. Ein dem Geheimdienst nahestehender Mäzen spendete jedem Opfer 100.000 Euro unter der Auflage, dass Stillschweigen über das Geschehen bewahrt wurde, auch über das Baden in kaltem Wasser. In einer Presseerklärung deutete die Bundeskanzlerin an, dass der französische Führer der Einsatzleitstelle versagt habe, es wäre ihr wohler gewesen, die alleinige Verantwortung hätte beim BND gelegen. Der französische Staatspräsident verkündete die Entlassung von Metzger mit der Anmerkung, dass das Ergebnis ein anderes gewesen wäre, hätte man die Aktion nicht auf den Informationen des befreundeten BND aufgebaut. Beide Regierungschefs waren sich aber einig, dass die Angelegenheit einmal wieder gezeigt habe, dass eine Verschärfung der Antiterrorgesetze unbedingt angezeigt sei und kündigten an, dass die Innenminister ihre Arbeit an den Entwürfen intensivierten.

Die sechs Freunde verbrachten ihren Urlaub im folgenden Jahr in einem Feriendorf in der Türkei mit „all inclusive" und verprassten dort die erste Rate der Entschädigung. Sie waren sich einig, dass sie sich in Zukunft bei ihren Unternehmungen mehr am Massentourismus orientieren wollten.

Fremdarbeiter

(1980)

Marcel schleppte seit acht Uhr in der Früh volle Bütten den Hang hinauf. Er schaute zum Himmel. Das Wetter sah gut aus, zwar leicht diesig, aber genau das gefiel ihm. Da sah er eine Frau den Feldweg hochkommen. Wollte sie zu ihm? Zum Arbeiten war sie nicht angezogen. Als er das nächste Mal nach ihr schaute, stand sie schon an seinem Weinberg und sprach eine der Erntehelferinnen an. „Patron, komm mal runter, die Frau will etwas von dir."

„Bonjour Madame, was kann ich für Sie tun?"

„Guten Tag, ich aus Russland", sagte die mollige Frau Mitte vierzig, mit altmodisch hochtoupierten Haaren, in einem schwer verständlichen Deutsch.

„Aus Russland? Suchen Sie Arbeit?"

„Sie Herr Ginglinger?"

„Was wünschen Sie von mir?", sagte er in seinem besten Hochdeutsch.

Sie kramte in ihrer altmodischen Handtasche. Langsam wurde er ungeduldig. Es wartete noch eine Menge Arbeit auf ihn.

Sie hielt ihm ein altes Schwarz-Weiß-Foto entgegen und zeigte auf einen älteren Mann. „Das mein Vater, Stepjan Droski, das mein Bruder Pjotr, das ich." Beim genaueren Hinsehen schätzte er das kleine Kind auf zwei Jahre.

„Schön, und was wollen Sie von mir?"

„Du schauen. Das Pjotr. Du kennen?"

„Ich kenne keinen Pjotr." Wie konnte er ihr nur klarmachen, dass er an die Arbeit musste. Bestimmt verwechselte sie ihn.

„Du musst kennen Pjotr!", sagte sie noch mal eindringlich.

In dem Moment fiel es ihm wie Schuppen von den Augen. Er hatte wirklich einmal einen russischen Peter gekannt. Er nahm das Bild. Nach 35 Jahren tauchte ein Stück Vergangenheit auf. Das könnte ihr „Peterli" gewesen sein, wie sie ihn damals nannten.

„Ein Peter war 1945 bei uns."

Sie küsste das Bild. Er konnte nicht hören, was sie flüsterte. Da nahm sie plötzlich seine Hand und presste ihre Lippen darauf.

Er zog sie weg. Was sollten seine Leute von ihm denken?

„Ich Schwester von Pjotr. Wo Pjotr?"

„Das wissen Sie nicht? Peter ist schon lange tot, er starb damals, noch im Krieg."

Sie nickte, sie hatte so etwas erwartet. „Was ist passiert?"

Marcel versprach, ihr alles zu erzählen, abends, bei ihnen zu Hause. Aber jetzt musste er unbedingt mit der Arbeit weitermachen.

Das verstand sie, jetzt war sie ruhig, hatte viel Zeit. Sie setzte sich auf eine Kiste am Wegrand. Endlich wusste sie, wo ihr Bruder damals geblieben war und bald würde sie auch wissen, wie er starb. Sie hatte noch ihre Mutter vor Augen, wie sie immer und immer wieder Fotos von Pjotr betrachtete und weinte. Als sie alt genug war zu verstehen, dass ihr lustiger Bruder, der sie immer Huckepack genommen hatte, nicht mehr wiederkam, hatte sie sich geschworen, ihn eines Tages zu suchen. Deshalb hatte sie Deutsch gelernt. Jahrzehntelang konnte sie nichts erfahren, so sehr sie sich auch bemühte. Nach mehreren Anläufen hatte sie dann in diesem Jahr plötzlich sehr schnell die Reiseerlaubnis bekommen. Der zuständige Beamte hatte sogar Verständnis dafür gezeigt, dass sie nach ihrem Bruder forschen wollte.

Feierabend, die Frauen und Männer gingen nach der Arbeit schwatzend und lachend zum Traktor. Der fröhliche Lärm riss

Swetlana aus ihren Gedanken, Marcel winkte ihr zu, sie solle auf dem Beifahrersitz des Traktors Platz nehmen.

Am Abend versammelten sich alle, die bei der Weinlese mitgeholfen hatten, in einem großen Raum an einer langen Tafel. Marcel stellte Swetlana vor: „Sie ist die Schwester von Petit Pierre, dem russischen Jungen, der 1945 ein paar Monate bei uns gearbeitet hat, einige von euch werden sich vielleicht noch an ihn erinnern. Er war so alt wie ich."

Nach Dessert und Kaffee sprach er Agnes, eine Polin an, die mit ihrem Mann schon seit Jahren zur Weinlese kam. „Hör mal", sagte er, „kannst du übersetzen? Wir brauchen einen Dolmetscher."

„Ich kann Russisch, aber ich mag keine Russen."

„Jetzt sei nicht so, Swetlana ist eine arme Haut."

„Und meinen Mann soll ich hier alleine tanzen lassen?"

Der scherzte. „Geh nur, dann kann ich mich in Ruhe nach den schönen Elsässerinnen umschauen."

Zu dritt saßen sie in dem kleinem Büro und Marcel erzählte: „Es war 1944. Eines Tages hielt vor unserem Haus ein Armeelastwagen, ein alter Mann sprang herunter. Er hatte nur einen Rucksack bei sich. Der Fahrer rief uns zu: ‚Da habt ihr einen Russki, lasst ihn nur ordentlich arbeiten.' – „Das war mein Vater", unterbrach Swetlana aufgeregt.

„Er war ein genügsamer Mensch und konnte hart arbeiten", fuhr Marcel fort. „Unser Vater verstand sich gut mit ihm. Mit der Zeit erzählte er uns von seiner Familie, dem ältesten Sohn Peter, seiner kleinen Tochter und dass seine Frau noch ein Kind erwartete. Er machte sich Sorgen und wurde immer bedrückter. Mein Vater ging zum Bürgermeister und bat ihn, Stepjan zurückzuschicken. Der wurde wütend. ‚Wo denkst du hin? Zuerst setzte ich alles in Bewegung, damit du einen Fremdarbeiter bekommst, dann willst du ihn nach Hause schicken. Der bleibt da.' Eines Tages sagte Josef, er müsse unbedingt nach Hause, er könne seine Frau nicht länger alleine lassen. ‚Ich schwöre dir, ich schicke meinen Sohn für mich.' Schließlich kamen sie überein, dass er einfach abhauen sollte."

Swetlana wurde immer aufgeregter: „Papa kommen nach Hause, Pjotr wollen nicht gehen. Papa sagt, er hat Ehrenwort gegeben, er muss gehen, Mama weint."

Marcel dachte: „Was für eine Tragödie, davon hatten wir keine Ahnung." Es fiel ihm schwer, aber er musste es zu Ende bringen: „Wochen hörten wir nichts. Wenn nach Stepjan gefragt wurde, erfanden wir Ausreden. Eines Nachts bellte der Hund wie verrückt. Als mein Vater ans Tor ging, stand ein junger Mann draußen, unrasiert und schmutzig. ,Ich Sohn von Stepjan.'"

Swetlana brach in Tränen aus. Ihr armer Bruder, was musste er mitgemacht haben.

„Mein Vater regelte alles mit dem Bürgermeister. Der machte zwar ein wenig Theater, änderte dann aber auf der Liste einfach den Vornamen und das Geburtsdatum. Wir alle mochten Peter." Es fiel ihm schwer weiter zu erzählen. „Kurz bevor wir befreit wurden, kam der Befehl, dass alle Frauen, die wenigen Männer und die Kinder am Ortseingang zum Schanzen eingeteilt sind. Wir jungen Leute nahmen das nicht besonders ernst und alberten herum, die Älteren ruhten sich auf einem Baumstamm aus. Die Frauen machten ihre Späße mit Peter. Da kam Danielle mit einer SS-Uniformjacke, die sie in einem Gebüsch gefunden hatte. Die Mädchen überredeten Peter, sie anzuziehen. Er machte den Spaß mit und stolzierte auf und ab. ,Du bist unser Kommandant', sagte eine lachend. ,Stramm stehen', kommandierte er, ,du graben', befahl er Danielle. Als wir am Abend wieder in den Ort zurückkamen, waren die ganzen Parteibonzen und Soldaten verschwunden. Zwei Tage lang hörten wir nur von ferne Geschützdonner. Plötzlich waren sie wieder da, ein ganzer Zug SS-Leute. Niemand traute sich mehr auf die Straße. Peter und ich waren gerade beim Ausmisten, da hielt ein Kübelwagen vor dem Tor. Zwei SS-Männer sprangen heraus und kamen auf uns zu: ‚Wo ist der Russe?‘ Die beiden packten Peter und zogen ihn zum Wagen. Ich rannte in den Keller zu meinem Vater. Bis wir im Hof waren, waren sie weg. Kurze Zeit später hörten wir vom Wald drüben Schüsse. Später erfuhren wir, dass sie ihn erschossen hatten, weil er die deutsche Uniform getragen und lächerlich gemacht hatte." Marcel wischte sich die Tränen aus den Augen. „Jemand muss ihn verraten haben, er hatte doch nichts angestellt. Ich kann es bis heute nicht verstehen."

Agnes nahm die schluchzende Swetlana in den Arm und streichelte ihr über den Rücken. Auch sie hatte Familienangehörige verloren, ein Teil war im Konzentrationslager gestorben, andere in russischen Gefängnissen.

Am nächsten Morgen wollte Swetlana am Grab von Peter Abschied nehmen. Marcel begleitete sie von Amt zu Amt. Alle zeigten sich bestürzt über die Geschichte, aber niemand konnte helfen. Es gab keine Akten, keine Grabstätte. Irgendwann mussten sie aufgeben. Als sie im kleinen Kreis Abschied feierten, fiel Marcel plötzlich etwas ein. Er verschwand auf dem Dachboden. Kurz darauf kam er mit einem kleinen Bündel zurück. „Das hat Peter gehört." Mit zittrigen Fingern schnürte Swetlana die staubigen Kleidungsstücke auseinander. Nichts als eine Jacke und etwas Wäsche. Als sie die Jacke hochhob, fiel ein altes Schwarz-Weiß-Foto auf den Boden. Sie hob es auf, es war das gleiche, das sie Marcel bei ihrer Ankunft gezeigt hatte. Mit Tränen in den Augen küsste sie es.

Einladung zur Hochzeit

(1972)

Ursula und ich wollten zwischen Neujahr und Dreikönig zu meiner elsässischen Verwandtschaft fahren, um sie persönlich zu unserer Hochzeit einzuladen.

Als wir in Colmar in der „rue de Sélestat" oder auf Elsässisch „d'Schlettstadter Stroß" ankamen, begrüßte uns meine Tante Suzanne: „Bonjour Antoine, comment ça va? Guten Tag Anton, wie geht's?" Sie strahlte über das ganze Gesicht. Dann kam sie hinter der Theke ihres Bäckerladens hervor, nahm mich in die Arme und küsste mich rechts und links auf die Wangen.

„Un des isch di fiancée? Und das ist deine Verlobte?" Sie ließ mich los, wandte sich meiner Zukünftigen zu und küsste sie ebenso.

Vor der Theke standen zwei Kundinnen. Neugierig fragte die eine, ob dies der Neffe „aus'm Schwoweland" sei.

Ursula, eine überzeugte Kurpfälzerin, stellte klar: „Entschuldigen Sie, wir sind keine Schwaben, wir sind aus Baden!"

„Baden, des isch doch in de Schwiz", meinte daraufhin die andere Kundin.

„Die sagen hier zu allen Deutschen ‚Schwowe'", raunte ich Ursula zu und wandte mich an die elsässischen Damen: „Bei uns ist das ‚Schwoweland' eine Region, so wie hier das Elsass."

„Des isch mir zu compliqué, Schwowe sen Schwowe, des isch em Elsass scho imma sou gsih!", antwortete barsch die Kundin, klemmte das Baguette unter den Arm, nahm das kleine Päckchen mit Kuchen, das ihr die Tante über die Theke reichte und verabschiedete sich schnell. Es war ihr deutlich anzusehen, dass sie keine Lust auf weitere Diskussionen mit einem besserwissenden Deutschen hatte.

Die Tante rief ihren Mann aus der Backstube. Onkel Armand küsste meine Braut sorgfältig auf beide Wangen, bei hübschen Frauen macht er es immer besonders gründlich. Dann schob er uns in den „salle-à-manger", das Esszimmer direkt neben dem Laden. Dort gab es gekühlten Gewürztraminer als Begrüßungstrunk und selbst gebackene „Weihnachtsbrädla".

Nachdem die Neuigkeiten aus der Familie ausgetauscht waren, informierte uns der Onkel über das Programm, das wir die nächsten Tage zur absolvieren hatten: Also, zuerst einmal am Abend das Nachtessen bei Onkel René, am nächsten Tag das Mittagessen bei Cousin Albert, das Nachtessen bei Tante Marie-Luise, einen Aperitif bei Cousin François und so weiter und so weiter. Auf keinen Fall durften wir einen der zahlreichen Onkel, Tanten, Cousins und Cousinen auslassen.

Freudig stimmte Ursula zu, als ihr der Onkel ein zweites Stück seiner selbst gebackenen Quiche Lorraine anbot.

„Wir sind erst bei der Vorspeise!", warnte ich. Mit einer ärgerlichen Handbewegung brachte sie mich zum Schweigen.

Nachdem die Tante die Teller abgeräumt hatte, versuchte sie uns auf den Hauptgang einzustimmen. „Ich habe etwas typisch Elsässisches gekocht, eine ‚Choucroute garnie'."

Garniertes Sauerkraut ist das Nationalgericht der Elsässer, das es bei fast allen Veranstaltungen gibt, die keine wirklich großen Feste sind, so wie Beerdigungen oder der Besuch von Verwandten.

„Sauerkraut esse ich schon gerne", sagte Ursula höflich. Aber ich hörte die Enttäuschung in ihrer Stimme. Schlachtplatte war nicht gerade das, was sie im Elsass erwartet hatte.

Ihre Augen wurden immer größer, als die Tante die riesige Platte mit Sauerkraut in die Mitte des großen Esszimmertisches stellte und sich auch noch entschuldigte: „Ich habe nur eine kleine Platte gerichtet." Sie meinte damit, dass sie nur Salzfleisch und zwei Sorten Speck mitgekocht und drei Sorten Würste darauf garniert hatte. Und sie hatte recht, nach Elsässer Maßstäben wären normalerweise auf einer so genannten großen Platte noch Leberklöße, Schweinsfüße und Blutwurst zu finden gewesen.

Inzwischen hatte der Onkel eine Flasche Riesling aufgemacht, selbstverständlich vom besten Winzer im Elsass. Jede Familie hat hier den besten Winzer, zu dem sie fast freundschaftliche Beziehungen pflegt. Weine von Genossenschaften taugen nichts, die sind nur für Touristen und „'s Üsland" bestimmt.

„Im Sauerkraut ist der gleiche Wein", klärte uns die Tante, stolz auf ihre Kochkünste, auf.

Von jeder Sorte Fleisch und Wurst musste Ursula probieren. Ich dankte Gott, dass ich eine Pfälzerin mit gutem Magen genommen hatte. Sie spülte jeden Bissen mit einem Schluck Wein hinunter. Den glänzenden Augen des Onkels sah ich an, dass er sie schon beinahe in die Familie aufgenommen hatte.

Zum Nachtisch brachte der Onkel frisch aus dem Backofen eine „Äpfelwaihe", einen Apfelkuchen mit einem ganz dünnen, butterhaltigen Boden und einer gestockten Eiermilch obendrauf.

„Ich bin bums-satt", flüsterte mir Ursula ins Ohr, „ich bring keinen Bissen mehr runter."

„Das kannst du dem Onkel nicht antun", gab ich leise zurück.

Der Onkel hatte uns schmunzelnd beobachtet. Schnell schob er Ursula ein Stück von dem duftenden Kuchen auf den Teller, holte auch gleich den Mirabellenschnaps vom Büfett und füllte die Gläser.

„Ich trinke nie Schnaps!"

„Nehmen Sie, das hilft verdauen!", ermunterte sie mein Onkel. „So einen guten gibt es nur im Elsass."

Tapfer ergriff Ursula das Glas und schwups war der Inhalt drunten. Sie schnappte nach Luft.

Der Onkel blinzelte mir zu. „So wie die süfft, passt sie ins Elsass", sagte er lachend.

Nach dem obligatorischen Kaffee schleppten wir uns hoch in den ersten Stock. Im „Salon", dem Wohnzimmer, hatte die Tante die Doppelcouch bezogen.

„Ich habe gedacht, ihr braucht nur ein Bett." Sie lächelte so verschmitzt, dass Ursula einen roten Kopf bekam. Zu Hause mussten wir in getrennten Zimmern schlafen, wie es damals bei unverheirateten Paaren üblich war.

Tapfer kämpften wir uns die nächsten Tage durch die elsässische Küche: Gugelhupf und Brezele zum Aperitif, Zwiebelkuchen, Gänseleberpastete und gekochten Lachs zur Vorspeise, Schäufele, Mandel-Forellen, Rehpfeffer und Coq au Riesling zum Hauptgang, Münsterkäse, süßer Bibalakas und Bettelmann zum Nachtisch. Meine Familie tischte alles auf, was das Elsass zu bieten hatte.

Am letzten Abend gab es dann bei Onkel Armand das Abschiedsessen. Der Onkel erzählte Ursula von seinen Abenteuern im Tausendjährigen Reich, das für die Elsässer fünf lange Jahre dauerte. Nachdem er sich als französischer Soldat den Deutschen kampflos ergeben musste, wurde er ein Jahr später von denselben eingezogen. „Bei den Deutschen haben wir Zucht und Ordnung gelernt", lächelte er auf eine Art, aus der nicht zu schließen war, ob er das als Vor- oder als Nachteil sah.

Am nächsten Morgen zeigte uns der Onkel vor der Abfahrt noch die Backstube. Auf allen Regalen reihten sich Gugelhupf an Gugelhupf.

„Das sind aber viele", staunte Ursula.

„Das ist ein Auftrag vom Rathaus", sagte er stolz. „An Dreikönig bekommt jedes Büro einen Gugelhupf, in dem ein Geldstück eingebacken ist. Wer es findet, ist König und bekommt eine goldene Krone aufgesetzt. Das ist ein alter Brauch."

„Wie bist du denn zu dem Geschäft gekommen?"

„Mein Angebot war das günstigste."

„Und wie kommst du auf deine Kosten?", fragte ich.

„Das ist ganz einfach. Ich habe sie einfach ein paar Gramm leichter gemacht."

„Ist das Gewicht nicht vorgeschrieben?"

„Doch, doch", nickte er, „aber das prüft niemand nach."

Ich stieß Ursula mit dem Ellbogen an: „Erinnerst du dich, was der Onkel gestern erzählt hat? Das ist jetzt das Beispiel für Zucht und Ordnung, die sie von den Deutschen gelernt haben."

Die Reaktion des Onkels war schwer zu beschreiben. Das Lächeln gefror auf seinem Gesicht, er blies die Backen auf und runzelte die Stirn. Dann stieß er die Luft aus, ruckte mit seinem stiernackigen Kopf nach vorn und machte mit einer wegwerfenden Handbewegung deutlich, dass dies ja wohl eine blödsinnige Bemerkung gewesen sei.

Als wir uns schließlich von der Verwandtschaft verabschiedeten, versicherten alle, dass sie selbstverständlich zur Hochzeit nach Deutschland kämen.

Unterwegs auf der Autobahn meinte Ursula: „Deine elsässische Verwandtschaft war ja furchtbar nett, aber länger hätte ich das nicht mehr ausgehalten, ich habe bestimmt drei Kilo zugenommen."

Ich lachte: „Wenn du aus dem Elsass nicht mit einer Leberkris zurückkommst, dann isch's nix gwesst."

„Eine Leberkris, was ist das?"

„Eine Krise der Leber. Das heißt so viel wie – sie ist kurz vor dem Kollaps."

Mein Onkel Antoine

(2003)

Ein heißer Julitag, auf der A 5 nach Basel hat sich wieder einmal ein Kilometer langer Stau gebildet und wir stehen mitten drin. Das Hemd klebt auf der Haut und die Krawatte schnürt mir die Luft ab. Mit quietschenden Reifen und Staub aufwirbelnd halten wir gerade noch rechtzeitig auf dem Platz vor der Kirche, zusammen mit zwei anderen Autos, aus denen lachend Verwandte winken. Keine Zeit mehr, den herrlichen Blick von der Kirche über Buhl auf das Blumental, das „Vallée Florivale", am Fuße des Grand Ballon, zu genießen.

Vor dem Portal stehen sie in Grüppchen zusammen: Cousins und Cousinen, die sich so oft beim Onkel getroffen hatten, Geschwister, Arbeitskollegen, ehemalige Angestellte und ein paar Bekannte aus dem Dorf. Lebhafte Unterhaltung, Küsschen links, Küsschen rechts: Wie geht's? Comment ça va? Wie goat's? Mit den Jungen muss ich Französisch sprechen, die ganz Alten quälen sich mit dem vor langer Zeit gelernten Hochdeutsch, damit meine Frau sie besser versteht.

„Ich bin gerade das dritte Mal Großvater geworden." „Unser Jean-Claude hat endlich geheiratet." „Amelie hat sich scheiden lassen, ein Drama für die beiden Kinder." „Wir sind endlich beide in Rente, jetzt gehen wir auf Reisen." Im Telegrammstil werden Neuigkeiten ausgetauscht, wer weiß, ob man später noch dazu kommt.

„Auf, geht rein", drängt Edith, die Tochter, „der Gottesdienst fängt gleich an." Fast hätten wir vergessen, warum wir gekommen sind. Erst der Blick auf den Sarg vor dem Altar lässt uns die Unterhaltung unterbrechen. Da liegt er nun, mein „Parrain" Antoine. Er, der französisch und deutsch mit dem gleichen alemannischen Akzent sprach und uns als junge Burschen aufregende Geschichten erzählte. Unvergessen, wie er in Prag als deutscher Soldat die Bekanntschaft mit Studentinnen aus dem Widerstand machte. Sie hatten gehört, dass er französisch sprach. Oder wie er sich als Friseur in Paris mit einer Landsmännin anfreundete, die anschaffen ging und dort im gleichen Café wie er verkehrte. Als er ihr hausgebrannten elsässischen Schnaps mitbrachte, weinte sie nach drei Gläsern vor Heimweh. Er war einer dieser „malgré nous" (deutsche Soldaten gegen ihren Willen), der von der deutschen zur französischen Armee desertierte und dann als Befreier in seine Heimatstadt Colmar einzog. Stolz zeigte er seine französischen Verdienstorden. Für was er sie genau bekommen hatte, erfuhren wir nie. Soweit ich weiß, hatte er als Koch nie einen Schuss abgegeben.

Wo sind die Kriegsveteranen mit Barett und Orden, um die Ehrenwache zu halten und ihren Kameraden mit einer flammenden Rede auf die alten Zeiten zu verabschieden? Keiner da. Ob sie schon alle gestorben sind?

Edith erzählt mir später, dass sie den Bürgermeister, ihren Schwager, gebeten hatte, die französische Fahne über den Sarg zu legen, wie es einem Frontkämpfer zusteht und wie ihr Vater sich das gewünscht hat. Leider war diese Gepflogenheit längst in Vergessenheit geraten und sie fanden die Fahne verschmutzt und nicht mehr zu gebrauchen auf dem Dachboden des Rathauses. Schade, ihm wäre es so wichtig gewesen.

Eine ganze Reihe von Verwandten kommt zu spät. Den Pfarrer am Altar ignorierend, drängen sie sich auf einen freien Platz, grüßen rechts, links, vorne, hinten, küssend und mit „ça va?". Familiennachrichten werden flüsternd ausgetauscht. Nur während der Predigt verstummen die Gespräche. Zum Glück sitzen rechts vom Altar vier ältere Damen, eine Abordnung des Kirchenchores, die mit brüchigen Stimmen die Lieder einigermaßen beherrschen, denn von meiner Familie kann kein Einziger ordentlich singen.

Während der Predigt schweifen meine Gedanken ab. Mit zwölf zeigte mir Onkel Antoine, wie man eine Champagnerflasche aufmacht, ohne dass der Korken an die Decke schießt. Ein paar Jahre später verriet er mir auf der „Foire aux Vins" in Colmar, dass sein Lehrmädchen ein Auge auf mich geworfen hatte. Überhaupt war sein Friseursalon mit den betörenden Gerüchen und den vielen aufregenden Frauen für mich ein ständiger Ort der Erotik.

Als nach dem Gottesdienst die vier Träger vom Beerdigungsinstitut den Sarg hochheben und zum Ausgang tragen, werden die Gespräche wieder aufgenommen, wie eine Feder, die angezogen und plötzlich losgelassen wird. Die Trauergäste formieren sich zu einem lockeren Zug, zuerst Kinder und Enkel, dann die Geschwister und unzähligen Nichten und Neffen, schließlich das übrige Volk. Jetzt gibt es kein Halten mehr: „Wie geht es Tante Alice? Hat Cousine Martine noch Depressionen? Ja, und wie sieht's mit dem Wein in diesem Jahr aus? Bei dem schönen Wetter müsste es doch einen guten Jahrgang geben. Macht der Sohn von Raymond bald das Abitur, fährt Albert wieder an die Riviera? Der Mann von Marie-Louise ist aber alt geworden, ich hätte ihn fast nicht erkannt. Und die Tochter von Karin ist ein hübsches Mädchen. Hat sie schon einen Freund?"

Erst kurz vor dem Friedhof fällt mir auf, dass an der Spitze des Trauerzuges nur der Wagen mit dem Sarg fährt, weder Pfarrer noch Messdiener sind mitgekommen. „Seit wann geht der Pfarrer nicht mehr mit?", frage ich meine Cousine Michèle.

„Oh, schon lange. Der Friedhof ist kommunal, da hat der Pfarrer nichts verloren." Ich stoße meine Frau mit dem Ellenbogen an, „das ist die strikte Trennung von Kirche und Staat in Frankreich."

„Ja, Herr Oberlehrer", gibt sie kratzbürstig zurück. Was hat sie nur? Gefällt ihr die Trauerfeier nicht?

Die Träger stellen den Sarg auf einem Rasenstück hinter dem Tor ab, der Trauerzug kommt ins Stocken. „Was jetzt, wird der Sarg nicht ans Grab gebracht?"

Mein Cousin Albert ist immer am besten informiert: „Beim Grabausheben sind die Arbeiter auf eine alte Gruft mit festen Mauern gestoßen, der Sarg passt nicht rein."

„Und was geschieht jetzt?"

„Jetzt gehen wir essen."

„Und der Sarg?"

„Bleibt da stehen. Morgen erweitern die Arbeiter die Gruft und heben den Sarg hinein."

„Und wenn es regnet?", frage ich.

Albert schaut mich an, als wolle er sich vergewissern, ob ich noch bei Verstand bin. „Das macht dem Onkel auch nichts mehr aus." Er hat ja recht.

Der Bürgermeister liest, da er zur Verwandtschaft gehört, noch ein Gebet. Dann verkündet Edith lautstark, dass wir uns alle im Restaurant „Au Soleil" zum Leichenschmaus treffen. Allgemeine Erleichterung macht sich breit. Endlich können wir zum gemütlichen Teil übergehen.

Nachdem geklärt ist, wer heimfährt, nämlich die Nicht-Blutsverwandten, schwelgen wir zuerst im Wein und im Essen, dann in Erinnerungen. „Weißt du noch wie der Onkel mit uns auf der Kilbe (Kirchweih) war und wie er die ganze Nacht getanzt hat?" Und wieder einmal diskutieren wir das Geheimnis seines Anglerglücks. Nahm er einen von uns mit zum Laucher Weiher, seinem Angelrevier, fing er, trotz frischer Köder und bester Wurftechnik, keinen Fisch. Zum Trost gingen wir dann immer „einen trinken" und er erzählte von den riesigen Fischen, die er irgendwann einmal gefangen hatte, als dummerweise keiner dabei war. Überhaupt, er war der absolute Kenner, was Essen und Trinken anbelangt. Von ihm erfuhr ich, dass man Bier nur vor dem Essen und gegen den Durst trinkt, Riesling zur Forelle und Bordeaux zum Rinderfilet, dass man Austern schlürft und Wasserschnecken mit einer Nadel herauspult. Und dass nach einer üppigen Mahlzeit der Mirabellenschnaps zum Kaffee auf ein Stück Würfelzucker geträufelt am besten schmeckt. Sein Wissen um die Genüsse des Lebens waren unerschöpflich und wir hingen an seinen Lippen, wenn er uns an seinen Weisheiten, vor allem über das weibliche Geschlecht, teilhaben ließ.

Bei Einbruch der Dunkelheit drängt meine Frau zum Aufbruch, ich werde auf den Beifahrersitz verfrachtet. Zum Abschied versichere ich meiner Verwandtschaft: „Das war mal wieder eine richtig schöne elsässische Beerdigung." Wir haben den Onkel würdig verabschiedet, mit jedem Schluck Wein hat er uns mehr gefehlt und wir haben unzählige Male mit dem elsässischen „S'gilt" auf sein Wohl getrunken. Genau so hätte er sich seinen Abschied gewünscht, der kleine, rundliche, lebenslustige Onkel Antoine mit seinen schalkhaft blitzenden Augen.

60-Jährige
(2000)

Menschen mit 60 haben die „Fünfzig" kurz hinter sich und die „Siebzig" noch lange vor sich. Sie freuen sich, dass die Kinder endlich erwachsen sind und ihnen hoffentlich bald Enkel bescheren. Den Traum vom großen Abenteuer haben sie begraben und geben sich mit kleinen Erlebnissen zufrieden: einem guten Essen im Restaurant, einer Reise nach Paris oder ans Meer, dem Besuch einer Kunstausstellung oder eines Theaterstückes. Plötzlich haben sie Zeit für Freunde, wundern sich über die alt aussehenden Schulkameraden und -kameradinnen und denken, dass es Zwanzigjährige auch nicht einfach haben. Sie haben sich damit abgefunden, dass ihr Körper an manchen Stellen zwickt und besondere Fürsorge verlangt und trösten sich mit der banalen Weisheit: Wenn sie morgens aufwachen und es tut nichts weh, dann sind sie eigentlich nicht aufgewacht.

Eine Frau mit 60 hat sich mit Hitzewallungen abgefunden und schön macht sie sich vor allem für die Freundinnen beim Kaffeekränzchen. Den Vergrößerungsspiegel, den sie mit 50 gekauft hat, wirft sie weg, die Brille trägt sie mit Selbstbewusstsein, mit dem Schläfchen nach dem Mittagessen beginnt sie sich anzufreunden. Es soll einige geben, die sich als Lebenselixier einen jungen Liebhaber nehmen und endlich das auskosten, was sie ihr Leben lang versäumt haben. Die Mehrheit, weitgehend vom Triebe befreit, wendet sich aber lieber anderen Genüssen zu: ein gutes Stück Kuchen, ein ausgedehnter

Einkaufsbummel, ein spannendes Buch, eine erholsame Massage oder ein Besuch bei der Kosmetikerin, die für einige Stunden und gutes Geld die Illusion vermittelt, dass sich Falten beseitigen ließen.

Wenn er oder sie noch berufstätig ist, wirken sie auf Jüngere abgeklärt und schon fast weise, auf manche altmodisch und Neuem verschlossen oder leicht senil – auf jeden Fall sind sie anders. Sie lieben ihren Beruf und haben doch Angst bis 70 weiter arbeiten zu müssen. Sie sind aus dem Alter heraus, in dem sie jüngere Kollegen nach ihrem Sexualleben befragen. Sie brauchen ihre Fünf-Minuten-Pause, um eine Tasse Kaffee zu trinken und einen kleinen Plausch zu halten, auch wenn der Chef noch so ungehalten schaut. Sie haben schon viele Neuerungen erlebt und überlebt, glauben nicht wirklich an Veränderungen und ziehen sich auf ihren Beobachter-Standpunkt zurück. Das macht sie innerlich frei und lässt sie vieles gelassener ertragen: das Gerangel um Aufstiegschancen und Lohnerhöhungen, das Geschimpfe auf die Politik und die Angabe mit den Karrieren der Kinder. Sie nehmen leise und in kleinen Schritten Abschied, denn sie wissen, dass Hobbys und Freunde schon vor dem Ruhestand gefunden werden müssen.

Wirtinnen

(1944)

Gertrude Bauer, die Wirtin vom Goldenen Stern, musterte die vor dem Tresen stehende Frau. „Schuhe passend zum Kleid", stellte sie anerkennend fest, „und das heutzutage." Sie wies auf den Tisch am Eingang zur Küche. „Setzen Sie sich doch, ich habe noch zu tun. Es ist bald Sperrstunde. Die jungen Männer am Stammtisch machen noch einen drauf, morgen müssen sie wieder an die Front."

Amelie Rimmele nickte, zum Sprechen war sie zu erschöpft, setzte sich und legte den Kopf auf die Arme. Den Wirtshauslärm nahm sie kaum noch wahr, nach wenigen Minuten war sie eingeschlafen. Vergessen war, dass sie früh um fünf aufgestanden war, Butter, Schinken und Wein eingepackt und sich aufgemacht hatte von Colmar im besetzten Elsass auf die andere Seite des Rheins nach Nordrach. Sie brauchte fast den ganzen Tag, die Züge waren überfüllt und unpünktlich. Als sie sich endlich zum Lazarett durchgefragt hatte, war es dunkel. Eine Schwester begleitete sie durch die langen Flure, vorbei an bandagierten Männern, die auf Notbetten lagen, leise stöhnten oder laut fantasierten. Am meisten erschreckten sie die Apathischen, die mit leeren Blicken an die Wand starrten. Wie würde sie ihren Ältesten vorfinden, von dem sie so lange nichts mehr gehört hatte? Bis gestern hatten sie und ihr Mann nur gewusst, dass er irgendwo in Russland kämpfte, in einem Krieg, der längst verloren war.

Und dann stand sie plötzlich an seinem Bett. Hätte er nicht leise „Mamme" gesagt, sie hätte ihn nicht erkannt. Ausgemer-

110

gelt, die Augen tief in den Höhlen, einen dicken Verband um den Brustkorb, lag er da. Sie war hart groß geworden, in ihrer Familie zeigte man keine Gefühle, aber als sie seine Hand ergriff, liefen ihr Tränen über das Gesicht. Sie musste sich tief hinunterbeugen, um ihn zu verstehen. Leise erzählte er, dass er durch einen Lungenschuss viel Blut verloren habe. „Aber sonst ist noch alles dran", fügte er leicht lächelnd hinzu.

Als Gertrude sie an der Schulter berührte, wurde sie schlagartig wach. „Ich habe meinen Sohn im Lazarett besucht", erklärte sie der Wirtin, zu der sie sofort Vertrauen gefasst hatte. „Dort hat man mir Ihre Adresse gegeben. Ich suche ein Zimmer für die Nacht."

„Bei mir übernachten oft Elsässer, es tut mir leid, aber heute bin ich vollkommen ausgebucht."

„Und wo kann ich jetzt noch hin?"

„Wenn es sie nicht stört", Gertrude sprach zögernd, so als gäbe es noch eine Alternative, „kann ich Ihnen das Bett meines Mannes anbieten, er ist an der Front und mein Sohn liegt auch irgendwo im Feld, schlimme Zeiten sind das." Ohne die Zustimmung von Amelie abzuwarten, fragte sie: „Haben Sie überhaupt schon etwas gegessen?"

Diese schüttelte den Kopf. Alles, was sie mitgebracht hatte, hatte sie im Lazarett gelassen, die eine Hälfte für René, die andere für das Personal, damit sie ihn gut behandelten, aber sie hatte keinen Hunger, sie war nur müde.

Wortlos verschwand Gertrude in der Küche und kam mit etwas Suppe, Margarine und Brot zurück, „leider habe ich sonst nichts mehr."

Nach dem Essen räumten sie zusammen auf und spülten das Geschirr. Sie mussten nicht viel sagen, beide wussten, was zu tun war.

Dann standen beide im Nachthemd vor dem großen Doppelbett. „Entschuldigen Sie", sagte Gertrude, „ich bete vor dem Schlafengehen, hoffentlich stört es Sie nicht."

Zum ersten Mal lächelte Amelie: „Ich bete auch."

„Und was beten Sie?"

„Das Vaterunser, das Gegrüßt-seist-du-Maria und was mir mein Herz so eingibt."

„Auf Französisch?"

„Nein, nein, wir Elsässer haben schon immer deutsch gebetet, auch in der französischen Zeit."

Einträchtig standen sie vor dem Kreuz an der Wand. Zum Schluss fügte Gertrude noch hinzu: „Lieber Gott, lass meinen Hermann und Michael gesund nach Hause kommen und mach endlich Schluss mit diesem unseligen Krieg."

Amelie nickte, ja, das wollte sie auch, von ganzem Herzen, dass ihr René wieder gesund wurde und nicht mehr an die Front musste.

Obwohl beide Frauen nach dem langen Tag müde waren, erzählten sie von ihren Familien und ihren Sorgen. Sie fühlten sich so nahe wie alte Freundinnen.

Nach dem Frühstück machte sich Amelie wieder auf den Heimweg, zum Abschied küsste sie Gertrude nach französischer Sitte auf beide Wangen. Diese versprach ihr, in den nächsten Tagen regelmäßig nach René zu sehen.

Amelie schrieb ihre Adresse auf einen Zettel: „Vielleicht besuchen Sie uns mal im Elsass. Ich werde nie vergessen, was Sie für mich getan haben."

Josefine, die 18-jährige Magd, blieb auf dem Hof stehen. Aus den Vogesen hörte man seit Tagen Geschützdonner. Sie wusste, es konnte nicht mehr lange dauern. In diesem Moment sah sie hinter dem Stallfenster eine Bewegung. Sie stellte den Eimer, mit dem sie gerade die Schweine gefüttert hatte, rasch ab und ging zurück zum Stall. Vorsichtig öffnete sie die Tür. Ein deutscher Soldat, abgerissen, schmutzig und unrasiert kniete vor dem Trog und fischte gekochte Kartoffeln heraus, die er gierig verschlang. Gehetzt schaute er hoch.

Sie wollte die Türe zuwerfen, um Hilfe rufen, aber sie war wie gelähmt.

„Bitte", krächzte er und kroch auf sie zu. „Bitte helfen Sie mir", seine hellblauen Augen flehten sie an.

„Bleib hier, ich hole den Patron." Schnell schlug sie die Tür zu und schob den Riegel vor. Als sie mit Achille Rimmele zurückkam, saß der Fremde zusammengekauert und in seinen zerlumpten Mantel gehüllt in der Ecke.

Was war aus den schmucken deutschen Soldaten geworden, die 1940 im Stechschritt durch die Stadt marschierten, mit glänzenden Stiefeln und adretten Uniformen? Und wie waren sie in der Wirtschaft galant gewesen! „Würden Sie mir bitte ein Bier bringen, Fräulein", anders als die grobschlächtigen Elsässer mit ihrem „Mademoiselle, a Bier".

Der Patron musterte ihn. „Steh auf. Wo kommst du her, wo ist dein Gewehr?" Er wusste, wie man mit so einem umging. Schließlich war er im 1. Weltkrieg bei den Deutschen Unteroffizier gewesen. „Du weißt doch, dass ich dich der Feldpolizei übergeben muss!" Der Soldat griff mit zitternder Hand in die Manteltasche und holte einen schmutzigen, mehrfach gefalteten Zettel heraus.

„Zum Gasthaus Stadt Straßburg, Familie Rimmele, Schlettstatter Straße", las Achille erstaunt. „Das ist ja unsere Adresse, wo hast du den Zettel her?"

„Von meiner Mutter. Sie sagte, wenn ich einmal Hilfe brauche, sollte ich zu Ihnen gehen."

Das hatte ihm noch gefehlt. „Wie stellst du dir das vor?"

Der Junge schaute auf den Boden. In einer Mischung aus Trotz und Verzweiflung stieß er hervor: „In diese Hölle gehe ich nicht mehr zurück. Wir werden Tag und Nacht beschossen und haben kaum noch Munition. Und wir haben Hunger."

Josefine, die die ganze Zeit daneben gestanden hatte, zupfte ihn am Ärmel. „Der ist doch noch so jung, können wir ihn nicht verstecken?"

„Mädchen, weißt du, was die Deutschen mit uns machen, wenn sie ihn bei uns finden?"

„Frau Rimmele hat meiner Mutter die Adresse gegeben", schluchzte der Junge. „Sonst wäre ich nicht abgehauen."

„Patron", drängte Josefine, seien Sie nicht so hart!"

Achille war wütend. Was für beschissene Zeiten! René war seit Monaten wieder in Russland und zwei seiner Töchter auf der anderen Seite des Rheins im Arbeitsdienst. Sollte er wegen eines wildfremden Jungens das Leben der ganzen Familie aufs Spiel setzen?

Amelie war im Schlafzimmer, umgeben von Kisten und Koffern, beim Packen. Am nächsten Morgen wollten sie sich mit dem Kleinlaster, den sie zur Bewirtschaftung der Reben noch halten durften, in das Heimatdorf von Achille in Sicherheit bringen. Die Wirtschaft hatten sie schon seit Tagen geschlossen und das Personal nach Hause geschickt. Außer ihnen beiden und Josefine war niemand mehr da. Die Nachbarn hatten auch schon alle vor der nahenden Front die Flucht ergriffen.

„Das ist doch deine Handschrift!" Achille hielt ihr den Zettel mit der Adresse hin.

„Wo hast du den her?"

„Von einem Deserteur."

„Um Gottes Willen, was heißt das? Wo ist er?"

„Im Schweinestall."

Wortlos schob sie ihren Mann aus dem Weg und rannte hinaus.

Sie riss die Stalltür auf: „Wer bist du?"

„Michael Bauer."

Schlagartig kam ihr die Nacht in Nordrach und die verräucherte Kneipe wieder in den Sinn. Sie zog den jungen Mann hoch und streichelte seinen Rücken. Unter den verschmutzten, stinkenden Kleidern fühlte sie seinen mageren Körper. „Es wird alles gut!"

„Ich habe bei seiner Mutter übernachtet, als ich bei René im Lazarett war", sagte sie ungeduldig zu Achille, der ihr gefolgt war. „Das habe ich dir doch alles erzählt und außerdem hat sie sich wochenlang um ihn gekümmert! Der Junge bleibt hier und du wirst mir helfen, das bist du deinem Sohn schuldig."

Achille holte tief Luft und wollte widersprechen, ihr erklären, dass sie ihr Leben aufs Spiel setzten, dass die Deutschen kurzen Prozess machen würden, so wie bei Kriegers am Ende der Straße. Dort hatten sie den Sohn vor den Augen der Eltern erschossen. Am nächsten Tag war die Gestapo gekommen und hatte den Rest der Familie ins KZ Struthof gebracht.

Aber er sagte nichts dergleichen, er wusste, es hatte keinen Zweck.

Aufgebracht ging er auf den Hof. Er brauchte Luft. Geschützdonner riss ihn aus seinen Gedanken. Wie lange sollte das noch gehen? Die beiden Frauen hatten recht, der Junge war zu jung zum Sterben.

„Gebt ihm etwas zu essen", Achille übernahm das Kommando. „Wenn er sich gewaschen hat, kann er auf dem Heuboden schlafen. Renés Kleider müssten ihm passen, Josefine, zeig ihm den Kleiderschrank, da kann er sich bedienen. Morgen sehen wir weiter. Und ihr Frauen betet, dass die Deutschen heute keine Razzia mehr machen."

Noch um zwei Uhr nachts lief Achille unruhig vor dem Fenster im Schlafzimmer hin und her, alle paar Minuten spähte er durch die Ritzen der Klappläden auf die Straße.

Amelie setzte sich im Bett auf. „Komm endlich, du machst mich ganz verrückt mit deinem Herumgerenne."

„Ich mache mir Sorgen. Das war mehr als leichtsinnig, unsere Adresse herauszugeben. Was hast du dir dabei gedacht. Ist dir klar, was passiert, wenn sie den Jungen suchen?"

„Ja, ja, ich weiß. Sie werden uns umbringen. Wann wird das alles ein Ende haben? Seine Mutter hat um ihn die gleiche

Angst wie wir um René. Wir beten zum selben Herrgott. Ich kann nicht anders."

„Ich bin keine dreißig mehr. Ich verkrafte das einfach nicht. Die dauernde Angst um René und jetzt auch noch das. Zum Glück ist außer uns niemand mehr da. Nicht auszudenken, wenn die Nachbarn etwas mitbekommen hätten."

„Du warst es doch, der den Krieg nicht so schlimm gefunden hat! ‚Da zeigen es die Deutschen mal den Franzosen', hast du gesagt, als sie einmarschiert sind. ‚Jetzt sind wir halt mal eine Zeitlang deutsch, was soll's, Elsass bleibt Elsass, uns kriegen sie nicht klein'."

Er winkte ab. „Lass das, Frau. Dieses Elend konnte ich mir nicht vorstellen."

Im Morgengrauen rüttelte Achille den Jungen wach. Während Michael gierig Butterbrote in sich hineinstopfte, erklärte er ihm, dass sie den Hof verlassen und sich in die Vogesen zurückziehen würden. Sie würden alles so gründlich verschließen und Türen und Fenster zunageln, dass niemand auf den Gedanken käme, es wäre noch jemand da. „Und doch, vor einer Razzia oder Plünderern kannst du nie sicher sein. Innerhalb des Wirtschaftsgebäudes kannst du dich frei bewegen. Aber verhalte dich absolut ruhig. Wenn Bomben fallen, geh in den Weinkeller, er hält einiges aus. Wenn sie dich finden, wissen wir von nichts. Mehr kann ich nicht für dich tun."

„Ich werde mich verkriechen wie eine Maus. Von mir wird keiner erfahren, dass Sie mir geholfen haben."

„Schon gut. Jetzt hilfst du uns noch das ‚Camionettele' beladen und dann wird es höchste Zeit abzuhauen."

Zuerst schoben und zogen sie mit vereinten Kräften das Schwein auf die Ladefläche in einen Transportverschlag. Es schrie so erbärmlich, dass Achille Angst hatte, es würde hungrige Soldaten anlocken. Dann hievten sie die vorbereiteten Kisten, Körbe und Koffer hoch. Josefine musste dazwischen

Platz nehmen und auf der Fahrt das Schwein beruhigen. Achille schloss von außen das große Eisentor, den einzigen noch nicht verrammelten Zugang, und legte zusätzlich eine Eisenkette mit einem Vorhängeschloss vor.

Auf ihrem Weg kamen ihnen immer wieder Gruppen der sich auflösenden deutschen Armee entgegen, die von ihnen keine Notiz nahmen. In Achilles Heimatdorf waren keine Deutschen mehr, die Kämpfer der „Résistance" waren aus ihren Verstecken herausgekommen und hatten die Verwaltung übernommen.

Zwei Wochen später kehrten sie in das befreite Colmar zurück. Die Häuser waren mit der französischen Trikolore geschmückt, die Menschen wirkten gelöst und fröhlich, manche riefen Josefine, die wieder auf der Ladefläche beim Schwein saß, scherzhafte Bemerkungen zu. Amelie hatte kaum Augen für die Veränderungen. Während des ganzen Heimwegs dachte sie an Michael. Ob er es geschafft hatte? Warum nur hatten sie ihn nicht mitgenommen und oben im Dorf der „Résistance" übergeben, die Überläufer in Sicherheit brachte? Wie konnten sie den Jungen nur seinem Schicksal überlassen?

Sie fanden die Klappläden vernagelt, die Wirtshaustüre verschlossen, das Vorhängeschloss am Hoftor unberührt, keine Bombe und keine Granate hatte eingeschlagen, nur auf der Nordseite waren einige Gewehreinschläge zu sehen. Wortlos schloss Achille auf, die beiden Frauen folgten ihm bei seinem Rundgang durch Küche, Schlafräume, Keller und Stallungen, keine Spur von Soldaten und Zerstörung, auch keine von Michael, nicht mal Brotkrumen in der Küche oder eine Mulde im Stroh. Lediglich die Lebensmittel waren weg.

Achille atmete hörbar aus: „Er hat es geschafft", wandte er sich an seine Frau.

„Woher willst du das wissen? Dass er nicht mehr im Haus ist, heißt gar nichts. Sie können ihn draußen immer noch festgenommen haben."

„So blöd wird er schon nicht gewesen sein. Auf jeden Fall haben sie ihn hier nicht gefunden."

„Und wie ist er rausgekommen?", mischte sich Josefine ein.

„Es ist kein Fenster offen", sagte Achille nachdenklich. „Er kann nur über das Dach geklettert sein. Einfach war das nicht." Er lachte die beiden Frauen an: „So, jetzt machen wir eine Flasche ,Muscat' auf und trinken auf die Befreiung. Was meint ihr?"

„Trink du nur", wies ihn Amelie ab. „wir haben zu tun, komm Josefine, wir räumen die Kisten aus."

Das Schicksal von Michael beschäftigte Amelie bis zu ihrem Tod neun Jahre später. Sie hatte nicht das Herz, Gerlinde Bauer in Nordrach zu schreiben und nachzufragen, ob ihr Sohn gesund nach Hause gekommen war. Als gläubige Katholikin versuchte sie ihr schlechtes Gewissen bei der Beichte zu erleichtern. Obwohl der Pfarrer ihr versicherte, dass sie doch alles getan habe, was in der damaligen Zeit zu verantworten war, konnte sie sich selbst nicht frei sprechen.

Der Maibaum-Klau

(1968)

Günther und Anton schlichen in der Nacht vom ersten Mai 1968 morgens um drei Uhr mit einem Beil und einer Baumsäge durch den Nachbarort, wo Günthers Freundin Elisabeth wohnte. Nach einigen Bieren hatten sie den Plan ausgeheckt, ihr heimlich einen Maibaum zu stellen, sozusagen als Zeichen der Verehrung. Keine Menschenseele war zu sehen und auch kein Birkenbaum. Sie mussten durch etliche Straßen gehen, bis er plötzlich vor ihnen stand, ein geschmückter Maibaum, an einem Hoftor festgebunden.

Schnell entfernten sie die beiden Drähte. Anton riss den Kranz mit den bunten Bändern von der Spitze und warf ihn zwei Häuser weiter in einen Garten. Dann sägten sie den unteren Ast ab. Sie waren sicher, dass den Baum so niemand mehr erkennen würde.

Noch immer leicht benebelt, marschierten sie mit dem Baum unterm Arm zum Haus des Schulrektors. „Da oben unterm Dach schläft Elisabeth", flüsterte Günther.

Nach einigen fehlgeschlagenen Versuchen gelang es, den Baum so gegen die Wand zu stellen, dass er nicht mehr umfiel. Nach getaner Arbeit schlug Anton Günther auf die Schulter: „Wenn deine Elisabeth die Überraschung sieht, darfst du gleich zu ihr reinschlupfen, aber erzähle an der Uni ja niemand, dass du deiner Freundin einen Maibaum gestellt hast. Die Kommilitonen lachen dich bloß aus und schimpfen dich reaktionär."

„Ruhe, alle Mann Ruhe!", schrie der Feuerwehrkommandant. Aber es dauerte noch eine ganze Weile, bis sich die elf

Kameraden beruhigten. „Leute, ich habe euch wegen eines katastrophalen Ereignisses zusammengerufen. Es ist bedauerlich, dass nicht mehr Kameraden kommen konnten, da sie auf Maiwanderung sind. Aber ich bin mir sicher, dass auch sie meinem Ruf gefolgt wären, wenn sie wüssten, um was es geht. Wie ihr wisst, haben wir gestern Abend unserem Bürgermeister ein Ständchen gespielt und einen Maibaum gestellt, weil er sich im Gemeinderat für unser neues Feuerwehrhaus eingesetzt hat. Ihr werdet es kaum glauben, niemand wird es glauben, es ist einfach ein Skandal – der Baum ist weg." Mit einem großen Taschentuch wischte er sich die Stirn und setzte sich schwer atmend wieder hin.

Da meldete sich Schorsch, der Gerätewart, zu Wort: „Das können wir nicht auf uns sitzen lassen, da hat uns einer einen Streich gespielt. Vielleicht steckt sogar eine ganze Gruppe dahinter."

„Ich könnt' mir vorstellen, dass das die linken Studenten waren, die wo als in Heidelberg demonstrieren", meinte der alte Josef.

Der kleine Alfred kam erst zu Wort, als sonst niemand mehr etwas zu sagen hatte. „Also, am Rektor Huber seinem Haus, da steht ein Maibaum, der sieht fast genauso aus wie unserer."

Alle lachten und einer rief ihm zu: „Bub, halt dich zurück, wenn Erwachsene reden."

Müllers Manfred schlug ihm auf die Schulter. „Unser Baum kann das nicht sein, der ist größer und außerdem hat er einen Kranz an der Spitze."

„Der Kranz ist heute Morgen im Garten meiner Nachbarin gelegen", fiel jetzt einem ein.

Da meldete sich der Gemeinderat Oswald: „Wenn ich es mir richtig überlege, könnte schon ein Streich dahinter stecken. Schließlich ist der Rektor Huber Vorsitzender der Rathausopposition, und die war gegen den Neubau von dem Feuerwehrhaus."

„Die sind gegen alles, was Geld kostet", rief Walter dazwischen.

Aber Oswald ließ sich nicht beirren: „Wir müssen mal logisch denken. Wer könnte ein Interesse daran haben, dem Bürgermeister seinen Baum zu stehlen? Das kann nur eine Gruppe sein, die mit seiner Politik nicht einverstanden ist. Also, die Opposition hat ihm den Baum weggenommen und dem Rektor hingestellt, aus Protest sozusagen."

„Liebe Kameraden, hiermit schlage ich vor, dass wir das fragliche Objekt in Augenschein nehmen", machte der Kommandant der Diskussion ein Ende.

Kurze Zeit später standen sie vor dem Baum. „Da unten ist ein Ast abgesägt worden", stellte einer sachverständig fest. Jetzt plötzlich waren sie doch sicher, dass das ihr Maibaum war.

„Ich hätte nicht gedacht, dass der Huber sich den geklauten Baum vors Haus stellen lässt", regte sich der Kommandant auf, „so blöd kann doch keiner sein."

„Am besten wir klingeln ihn gleich raus und stellen ihn zur Rede", schlug Hans vor.

In diesem Moment ging die Haustüre auf: „Ja, was ist denn hier los? Was sucht ihr in meinem Garten?", schimpfte der Rektor, mit dem jeder, der bei ihm in der Schule war, seine speziellen Erfahrungen gemacht hatte, sofort los, „ihr tretet ja meine ganzen Erdbeerpflanzen zusammen."

Mit roten Köpfen schauten sie auf den Boden. Da ergriff der Kommandant mutig das Wort: „Herr Rektor, wir möchten gerne wissen, woher Sie den Maibaum haben, das ist nämlich der unsrige. Wir hatten ihn gestern dem Bürgermeister aufgestellt und heute steht er hier, was haben Sie dazu zu sagen?"

„Jetzt geht ihr zuerst einmal alle miteinander aus meinem Garten, dann reden wir weiter."

Vorsichtig, damit sie nur ja nicht auf eine Erdbeerpflanze traten, verließen die Männer den Garten und blieben brav vor dem Zaun stehen.

„Also Leute, auf Ehr' und Gewissen, ich weiß auch nicht, wer den Baum aufgestellt hat. Das wird ein dummer Streich sein. Jetzt macht, dass ihr heimkommt und schlaft euren Rausch aus", wurden sie vom Rektor abgefertigt. Erst als sie außer Sichtweite waren, wagten sie wieder laut zu werden. „Das lassen wir uns nicht gefallen", rief Michel empört, „wie der uns behandelt hat, wir sind doch nicht mehr in der Schule."

„Wir müssen den Fall dem Muffler vorlegen", schlug Oswald vor, „der wird schon die Wahrheit herausbekommen und den Übeltäter bestrafen."

Den Ortspolizisten Muffler fanden sie am Stammtisch des Gasthauses zum Hirschen. Nachdem er sich alles angehört hatte, fasste er das Geschehen zusammen: „Also, die Feuerwehr hat dem Bürgermeister gestern Abend einen Maibaum gestellt. Es wird behauptet, dass der Baum in der Nacht gestohlen und beim Rektor aufgestellt worden ist." Nachdem alle zustimmend nickten, beruhigte er die Gemüter: „Ich würde sagen, der Baum läuft uns nicht davon. Ich werde mich gleich morgen früh nach Dienstbeginn um die Angelegenheit kümmern."

Bis zum Abend war der ganze Ort in Aufruhr. Die Anhänger vom Bürgermeister waren der festen Überzeugung, dass hier ein politisches Verbrechen vorlag. Die Gegner des Neubaus amüsierten sich: „Das war ein Bubenstreich, eigentlich hat der Bürgermeister einmal einen Denkzettel verdient. Der gibt einfach das Geld aus, als ob es sein eigenes wäre."

Eine Woche später klingelte es an der Haustüre. „Ich mache schon auf", sagte Günthers Großvater. „Oh, der Herr Muffler, was führt dich zu uns? Komm rein, ich wollte eh einen Krug Apfelwein aus dem Keller holen. Hast du heute dienstfrei?"

„Keine Aufregung", beruhigte der Ortspolizist vom Nachbarort die Familie, die gerade beim Essen am Küchentisch saß. „Ich muss nur ein paar Fragen stellen." Zuerst aber nahm er ein paar kräftige Schlucke vom Apfelwein. „Den kann man trinken", meinte er anerkennend. „Ja, dann fangen wir halt mal mit dem Günther an: Wo hast du die Mainacht zugebracht?"

„Wir waren tanzen in der Turnhalle, der Anton und die Elisabeth waren auch dabei."

„Und als dort Schluss war, seid ihr nach Hause gegangen?", bohrte der Muffler weiter.

„Um ein Uhr ist Elisabeth von ihrem Vater mit dem Auto abgeholt worden, weil sie doch erst 17 ist. Anschließend bin ich auch nach Hause gegangen."

„Und dein Cousin Anton, ist der nach Hause gegangen?"

Jetzt kam Günther ins Stottern: „Der saß noch in der Bar vom Turnverein."

„Und, hast du ihm vielleicht etwas Gesellschaft geleistet?"

„Ja, schon, wir haben noch etwas getrunken."

„Und wann seid ihr schließlich nach Hause gegangen?"

„Das kann ich so genau nicht sagen."

Der Muffler konnte dem Günther das schlechte Gewissen direkt am Gesicht ablesen. Er stand auf und drückte ihm den Zeigefinger auf die Brust. „Machen wir es kurz, gib zu, du und dein Cousin seid die Missetäter. Ihr habt den Maibaum vom Bürgermeister geklaut. Leugnen nützt nichts. Ansonsten muss ich dich verhaften und in den Arrest stecken."

„Mein Gott, Bub, was hast du denn angestellt?", jammerte seine Mutter.

„Ich habe doch nicht gewusst, dass der Baum dem Bürgermeister gehört", gestand der schließlich.

Der Großvater hatte Günther in der besagten Nacht gegen Morgen heimkommen hören und sich das Ganze längst zusammengereimt. „Hermann", vermittelte er, „mach mal halblang. Das ist doch inzwischen klar, das war ein Dummerjungen-Streich. Günther, erzähle, was genau passiert ist."

Nachdem der die Geschichte von Anfang bis Ende erzählt hatte, holte der Großvater noch einen Krug vom guten Wein, den es normalerweise nur sonntags gab. Nachdem der Muffler genüsslich zwei Gläser getrunken hatte, verkündete er schließlich das Urteil: „Also Günther, weil ich deinen Opa schon so lange kenne, wollen wir mal Gnade vor Recht ergehen lassen und die Angelegenheit mit einem Strafzettel von fünf Mark erledigen. Selbstverständlich musst du dich beim Bürgermeister, beim Feuerwehrkommandanten und beim Rektor entschuldigen."

Schnell zückte der Großvater den Geldbeutel und zog einen Schein heraus. „So ein Student hat doch kein Geld", meinte er. „Seinem Mädel einen Maibaum stellen ist schon ein schöner Brauch, auch ich habe das mal gemacht. Aber Bub, das nächste Mal gehst du in den Wald und schlägst den Maibaum selbst, so wie es sich gehört."

Dazu ist es nicht mehr gekommen, denn von Maibäumen hatten die beiden endgültig genug. Bei Familienfesten kursiert die Geschichte aber heute noch und Anton ist ganz stolz darauf, wie sie damals die Kommunalpolitik aufgemischt hatten. Und wenn er seinen Cousin ärgern will, setzt er als Sahnehäubchen die Geschichte obendrauf, wie sich Günther bei seinem Schwiegervater entschuldigen musste. Den dümmsten Studenten auf Gottes Erdboden, habe der ihn gescholten.

Wehrmachtsausstellung

(1998)

Zwei Wochen nach seinem fünfzehnten Geburtstag besuchte Timo seinen Großvater, im Bundeswehr-Kampfanzug, in Springerstiefeln und mit kurz geschorenen Haaren.

Der reagierte ganz bestürzt: „Junge, wie siehst du denn aus?"

„Opa, das ist cool. Du hast früher auch Uniform getragen."

„Aber nicht freiwillig."

„Auf den Fotos siehst du sehr stolz aus. Du warst doch gerne Soldat und hast mir schon oft erzählt, wie ihr bei der Musterung gefeiert habt."

Armin lachte bitter: „Solange ich nicht an die Front musste, fühlte ich mich als etwas Besonderes, als ein guter Deutscher, der es mal allen zeigt. Aber Krieg ist nicht schön, er ist schmutzig. Wenn du den ersten gegnerischen Artillerieangriff erlebst, machst du dir in die Hosen. Das Pfeifen der Stalinorgeln habe ich heute noch im Ohr. Meinst du es macht Spaß, andere Menschen zu töten? Und wenn du nicht rechtzeitig schießt, bist du selbst tot."

„Du warst doch bei den Pionieren und hast Brücken gebaut!"

„Ja, am Anfang, am Ende mussten wir sie wieder sprengen. Und am Schluss saßen wir fast ohne Waffen mit den Infanteristen im Graben und haben gewartet, bis uns eine Granate zerreißt oder ein Panzer überrollt, das ist Krieg."

„Reg dich nicht auf. Du musst nicht alles so ernst nehmen."

Eines Tages kam Timo ganz aufgeregt: „Opa, die ziehen euch in den Dreck", empörte er sich. „Hast du es schon in der Zeitung gelesen?"

„Junge, von was redest du?"

„Von der Wehrmachtsausstellung. Die machen die deutschen Soldaten runter. Du hast doch keine Unschuldigen aufgehängt oder Frauen geschlagen!"

„Ich habe keine Lust mir das anzuschauen. Mir reichen die Bilder in meinem Kopf, die ich nicht loswerde. Aber ich glaube, ich muss dich endlich einmal über einiges aufklären. Die Wehrmacht hat für diesen Verrückten, den wir alle Führer nannten, ganz Europa überfallen, und die Generäle waren die Einzigen, die ihn hätten aufhalten können. Auf allen Seiten kamen Millionen Menschen um, litten Hunger und wurden vertrieben. Was ist daran ehrenhaft? Nur weil du gelesen hast, dass die deutschen Soldaten anständig waren. Soldaten machen in der Regel, was man ihnen befiehlt, sonst werden sie an die Wand gestellt. So einfach war das."

„Ich weiß von Onkel Artur, dass die französischen Soldaten bei uns geplündert und vergewaltigt haben, von unseren habe ich das noch nie gehört."

Armin seufzte: „Junge, setz dich mal in den Sessel und höre mir zu. Ich hätte nicht gedacht, dass ich die Geschichte noch einmal erzähle. Aber es ist vielleicht besser so."

Timo schaute ihn gespannt an. Opas Geschichten mochte er.

Armin schloss einen Moment die Augen. Sollte er wirklich von dem Erlebnis sprechen, das ihn bis zum heutigen Tag verfolgte? Er musste, der Junge, den er über alles liebte, musste die Wahrheit erfahren.

„Es war im Dezember 1944 auf dem Rückzug. Unsere Pionierkompanie hatte nur noch 80 Mann. Wir quartierten uns in einem abgelegenen Dorf in der Ukraine ein. Nach tagelangen Märschen waren wir total erschöpft. Die Russen, der Hunger und die Kälte saßen uns im Nacken. Der Bürgermeister empfing uns mit zwei in Tracht gekleideten Mädchen und reichte den Offizieren Brot und Salz als Zeichen der Gastfreundschaft.

Jeweils fünf Mann wurden mit einem Unteroffizier in einer armseligen Hütte einquartiert. Unsere Gastfamilie, der Großvater, Tochter und Enkelin, tischte uns Rote-Beete-Suppe, Ziegenkäse, Speck und Brot auf. Das war alles, was sie selbst noch hatten. In der Nacht schliefen wir auf dem Boden um den Kachelofen. Schon lange war es uns nicht mehr so gut gegangen. Am liebsten wären wir ewig so liegen geblieben. Wir hatten auch kaum noch Munition. Damit konnten wir uns nicht lange verteidigen, und Nachschub gab es auch nicht mehr.

Am nächsten Morgen mussten wir um sieben Uhr in Reih und Glied antreten. Nachdem die Vollständigkeit festgestellt worden war, verlas der Kompaniechef den Tagesbefehl. Zuerst mussten wir den üblichen Sermon über Endsieg und heldenhaften Kampf bis zum letzten Mann über uns ergehen lassen. Dann wurde es konkret. Was wir hörten, ließ uns erstarren. Alle Vorräte in den Häusern sollten auf dem Dorfplatz zusammengetragen, alle Haustiere getötet werden. Was wir nicht selbst gebrauchen konnten, war zu verbrennen, genauso wie die Häuser und Stallungen. Das sei notwendig, damit der Feind beim Vorrücken weder Verpflegung noch Unterkunft vorfinde. Der Hauptmann las mit unbewegtem Gesicht vor, wie jeden anderen Tagesbefehl. Mein Freund Peter neben mir murmelte: ‚diese Schweine'.

‚Hausmann, wollen Sie etwas sagen?', wurde er sofort angebrüllt.

‚Nein, Herr Hauptmann', schrie dieser zurück.

‚Gestatten Sie, Herr Hauptmann?', meldete sich unser Zugführer, Leutnant Hufschmidt, und trat drei Schritte vor.

‚Bitte!'

‚Darf ich darauf hinweisen, dass uns die Bevölkerung hier ausgesprochen freundlich gesinnt ist!'

‚Leutnant, ihr zweiter Zug wird die Ehre haben, die Aktion bei unseren Freunden durchzuführen. Sie persönlich sind mir dafür verantwortlich, dass alles nach Befehl geschieht. Bevor die Häuser in Brand gesteckt werden, vergewissern Sie sich, dass alle Personen draußen sind. Mehr als die Kleidung auf dem Leib ist nicht erlaubt. Zug 1 wird die Vorhut bilden, Zug 3 den Ort nach hinten absichern. Wer Widerstand leistet, wird erschossen. Haben Sie mich verstanden, Herr Leutnant?'

‚Jawoll, Herr Hauptmann.'

Zur Kompanie schrie er: ‚Heil Hitler, Soldaten!'

‚Heil Hitler, Herr Hauptmann', antworteten wir genauso laut.

‚Rührt euch!'

Hufschmidt blieb bewegungslos stehen und sah vor sich auf den Boden. Da raunte ein alter Unteroffizier hinter ihm: ‚Herr Leutnant, wollen Sie vors Kriegsgericht? Geben Sie die Befehle, schnell. Sie werden beobachtet.'

Langsam schritt der Zugführer auf uns zu, fahl und abgehärmt. ‚Stillgestanden!', schrie er. Vorgesetzte schrieen damals immer. Wahrscheinlich mussten sie ihr Gewissen übertönen.

Peter flüsterte: ‚Mein Gott, die Leute erfrieren und verhungern.'

Ich musste an den Abend denken, als wir Fotos von unseren Frauen und Kindern herumgereicht hatten. Die 12-jährige Enkelin konnte etwas Deutsch und hatte gedolmetscht.

Wenige Minuten später machten wir genau das, was von uns erwartet wurde. Wir traten Türen ein und brüllten: ‚Raus, raus! Keine Lebensmittel, keine Kleider, nichts mitnehmen! Raus!' Die Tiere stachen wir einfach ab. Die Tränen und die bestürzten Gesichter ignorierten wir, auch die Enttäuschung über den Verrat. Der Großvater warf sich mir vor die Füße und bettelte: ‚Nimm mich und helfen Frau.' Er zeigte auf seine Tochter und die Enkelin. Ich vermutete, er wollte sein Leben geben für die beiden. Aber töten war nicht der Befehl. Die Ukrainer verstanden gar nicht, dass es nicht um sie ging, sondern eine rein taktische Überlegung war. Die feindlichen Soldaten sollten nur verbrannte Erde vorfinden.

Ich schob den Mann mit dem Fuß weg. ‚Anziehen, dawei, dawei!' Wir schrien und rannten durch die Räume. Wir hinderten allerdings niemand daran, mehrere Kleidungsstücke übereinander anzuziehen oder Lebensmittel und Wertgegenstände einzustecken, das wundert mich noch im Nachhinein. Ein ganz klein wenig waren wir Menschen geblieben. Als wir die Häuser in Brand steckten, bettelten die alten Männer, junge gab es gar nicht, das Feuer löschen zu dürfen. Aber wir verhinderten dies, indem wir die Gewehre durchluden und auf die Frauen zielten.

Auf den folgenden Märschen Richtung Heimat hatten wir kaum noch Feindberührung. Wir hatten nur noch Angst, in russische Gefangenschaft zu kommen. Wenn ich nachts unter meiner Plane in einem Erdloch vor Kälte nicht schlafen konnte, malte ich mir aus, dass mich ein russischer Soldat zur Rechenschaft ziehen würde, für alles, was wir ihren Familien angetan hatten. Und nachts kamen die schrecklichen Albträume, in denen ich immer wieder die Schreie der Menschen um Gnade hörte. Diese Träume habe ich heute noch manchmal. Wir wurden nirgends mehr einquartiert und waren darüber sehr erleichtert. Als wir die Oder erreichten und sich die Wehrmachtsverbände immer mehr auflösten, verließen mein Kamerad Peter und ich nachts heimlich unsere Kompanie und schlugen uns bis zu den Amerikanern durch. Woher wir den Mut genommen haben, weiß ich bis heute nicht."

Als der Großvater mit seiner Geschichte zu Ende war, blickte er über Timo hinweg an die gegenüberliegende Wand. Timo spürte, dass er ganz weit weg war mit seinen Gedanken. Er schaute verlegen an seinen Kleidern herunter. Das Gefühl von Stärke, das er sonst in diesen Klamotten hatte, wollte sich einfach nicht mehr einstellen.

50 Jahre deutsches Frauenleben

(2005)

In den 50er-Jahren kommt ein Menschenkind zur Welt, will unbedingt ans Tageslicht und schreit erbärmlich. Von dem, was in der Welt geschieht, bemerkt es noch nichts. In der neuen deutschen Republik hat sich das Wirtschaftswunder breit gemacht, mit Würstchen, Rippchen und Schweinebauch. Niemals vorher und niemals nachher hat Essen so viel Spaß gemacht.

Zehn Jahre später hat sich unser Winzling zu einem hübschen Mädchen gemausert, das lesen, schreiben und rechnen kann, fleißig und wissbegierig die Welt erkundet. Vor allem aber so werden will wie Mama und Papa, nämlich erwachsen. Auch die Welt hat sich verändert. Elvis Presley und Rock 'n Roll vertreiben Blasmusik und Egerländer. An den Gymnasien schlüpft eine explosive Generation aus, die mit revolutionären Ideen die Gesellschaft aus ihrem bürgerlichen Dornröschenschlaf weckt.

Mitte der 70er-Jahre hat sie die Pubertät hinter sich. Sie macht, was alle Weibchen in der Natur tun: Männer locken. Sie gehört zur Generation, die keinem über 30 traut und gleichzeitig eine Beamtenstellung anstrebt, als Alterssicherung sozusagen. Draußen in der bundesrepublikanischen Wirklichkeit erschreckt die RAF die Gesellschaft und vertreibt ungewollt die letzten echten Linken.

In den 80ern hat sich die Frau um 30 alle Träume erfüllt. Feste Anstellung, fester Partner, Anwalt oder so, eigenes Auto, eigenes Bankkonto, Essen im Elsass, Ferien in der Toskana, oder so. Auf die Deutschen außen herum einzugehen, lohnt sich nicht, sie sind fast alle so.

Mit 40 Jahren ärgert sie sich über die Lachfalten im Gesicht und will lieber erblinden als eine Brille zu kaufen. Beim Blick auf die Jahresringe ihres Mannes träumt sie manchmal, aber nur ganz heimlich, vom Abenteuer mit einem feurigen Liebhaber. Die Welt scheint stehen geblieben zu sein. Hat sich die letzten Jahre wirklich etwas verändert? Aber ja: einiges Deutschland, einiges Europa! Wie konnte sie das nur vergessen!

Heute, im Jahr 2005, ist der Zenit erreicht, der Wendepunkt zur zweiten Hälfte des Lebens. Nun wird alles geruhsamer. An den Ehemann hat sie sich gewöhnt, noch mal alles von vorne, nein danke! Auch sonst, lassen wir mal die Hitzewallungen außer acht, ist das Leben nicht übel: liebe Freunde, nette Kolleginnen, vertraute Wohnung, zahmer Hund. Was will sie mehr? Na ja, die Rente, die macht schon Sorgen, die wird sie hoffentlich erreichen, bevor es gar nichts mehr gibt.

Tango im Intercity

(1995)

Erschöpft lässt sich Steffen auf seinen Platz am Fenster fallen. Die Verkaufsverhandlungen, zu denen er nach München geschickt worden war, haben sich länger hingezogen als erwartet, und morgen früh um 10 Uhr soll er schon den Bericht abliefern. Stöhnend zieht er seinen Laptop aus der Tasche und drückt auf den Einschaltknopf. In diesem Moment wird die Türe aufgeschoben. Ärgerlich schaut er hoch, er hatte sich schon gefreut, allein im Abteil zu sein. Sein Blick bleibt an makellosen nackten Beinen hängen. Weiter oben wird ihm die Sicht durch einen grünen Minirock verwehrt. „Keine Ablenkung", ruft er sich zur Ordnung und hämmert auf die Tastatur ein. Da steigt ihm ein Duft von Meer und Zitrusfrüchten in die Nase und ein freundliches „Guten Abend" zwingt ihn, erneut hochzuschauen: weiße Haut mit leicht geröteten, frischen Wangen, Stupsnase, Sommersprossen, Augen genau so grün wie der Rock, ein Gesicht wie aus einem irischen Bilderbuch. Verwirrt nickt er, murmelt einen Gruß und schreibt weiter. Plötzlich sieht er die Buchstaben nicht mehr, sondern die Brustwarzen, die sich in der eng anliegenden Bluse deutlich abzeichnen.

Sie hat inzwischen ein Buch aufgeschlagen, und als sie die schlanken Beine übereinanderschlägt, sieht er feinen goldenen Flaum auf der Haut. Sein Blick wandert über ihre vollen, grellrot geschminkten Lippen und treffen auf spöttisch lächelnde Augen. Ertappt spürt er, wie die Hitze seinen Hals hoch steigt.

„Wo fahren Sie hin?"

Was für ein seltsamer Akzent. Dänemark, Schweden, Irland?

„Ich bin Niederländerin und auf dem Weg nach Heidelberg." Kann sie Gedanken lesen?

„Ich wohne in Heidelberg."

„Ich mache dort nur einen Besuch." Sie schiebt die Schuhe von den Füßen und legt die Beine neben ihm auf den Sitz. „Du hast doch nichts dagegen." Er spürte die Wärme, ohne dass sie ihn berührt. „Ich heiße Mareike, und du?"

„Steffen."

„Stört es dich, dass ich dich duze?"

Er schüttelt den Kopf. Das Sprechen fällt ihm schwer.

„In den Niederlanden duzen sich fast alle Leute."

„Kein Problem, im Gegenteil." Warum fällt ihm nichts Charmanteres ein!

Sein Laptop, das er die ganze Zeit krampfhaft auf den Knien festgehalten hat, rutscht herunter. Sie greift blitzschnell danach, steht auf und legt das Gerät auf den freien Sitz neben sich. Sie lacht, ein kehliger Ton voller Spott, und setzt sich neben ihn. Er fühlt sich im Spinnennetz und zappelt. Wann beißt sie zu?

Als sie etwas näherrutscht, spürt er den Oberschenkel. Sie sieht ihn von der Seite an, während er krampfhaft durch das Fenster nach draußen schaut, ohne in der Dunkelheit etwas zu erkennen. „Du bist süß, wenn du verlegen bist."

In dem Moment geht die Abteiltür erneut auf. Steffen greift nach dem Laptop. Mareike setzt sich auf ihren Platz zurück. Eine Frau im langen Kleid und mit modischem Seidentuch um den Kopf geschlungen kommt herein und grüßt höflich. Sie schaut auf die Schilder mit den Reservierungen und nimmt Platz.

Über das Buch sieht ihn Mareike lächelnd an. Er hat nur noch einen Gedanken, er muss diese Frau anfassen, spüren und riechen.

„Kommst du mit mir?", sagt sie plötzlich halblaut.

„Wohin?" – Hanna, Kinder, Freunde, Arbeitsplatz, Haus. Was könnte einen Tag mit ihr aufwiegen?

„Mir fehlt noch ein Begleiter."

„Ein Begleiter, wozu?"

„Zum Tanzen."

Von was spricht diese Frau? Er will Brücken hinter sich abreißen, und sie will tanzen?"

„Ja, tanzen, kannst du?"

„Na ja. So für den Hausgebrauch. In meiner Schulzeit habe ich einmal einen Kurs gemacht und mich beim Abschlussball blamiert."

„Ich geh' zu einer Tango-Party, nur für Eingeweihte. Ernesto wird da sein, ein berühmter Tänzer aus Argentinien. Er ist schwul, aber sein Tanz ist Erotik pur."

„Wer bist du? Eine Hexe, ein blutsaugender Vamp?"

„Wenn, dann schon eher ein Vampir." Lachend zeigt sie ihm ihre weißen Zähne.

„Was willst du von mir?"

„Nichts als dein Herz", sie lacht laut. „Was bist du doch für ein braver Mann. Du kämpfst mit dir, ob du dich ins Fegefeuer wagen sollst. Aber vielleicht will ich nur tanzen?"

„Dafür bin ich nicht der Richtige."

„Aber ja, du wirst tanzen wie ein Gott."

Auf dem Bahnsteig greift sie nach seiner Hand. Mit langausgreifenden Schritten übernimmt sie die Führung. Ihr Körper duftet wieder nach Meer und Zitrusfrüchten, die Hand strahlt Ruhe aus. Er vergisst, dass ihn hier jemand kennen könnte. Im Taxi geht sie auf Abstand. Es tut ihm körperlich weh, nicht nach ihr greifen zu können, ihren Duft in sich aufzusaugen, ihre junge Haut zu spüren. Da halten sie auch schon vor einem zweistöckigen Haus aus der Gründerzeit, mitten in einem Garten mit alten Bäumen und einem Eisengitter drum herum. Sie hakt sich unter, als sie von weitem die sehnsüchtigen Klänge eines Tangos hören. Die Haustüre ist offen, sie folgen dem

Schild „Tango-Party" in den Keller. Eine junge Frau nimmt die Mäntel ab. Niemand fragt, was sie hier wollen. Einige Männer nicken Mareike zu. Die Musik kommt aus einer Box, um die Tanzfläche stehen eng gedrängt Paare. In der Mitte ein dunkelhaariger, drahtiger kleiner Mann, sein bronzenes Gesicht wie gemeißelt, weißer Anzug, schwarze Krawatte, elegante cremeweiße Schuhe. Im Arm eine Schönheit mit schulterlangen blonden Haaren und einem enganliegenden roten Kleid, das gerade bis zu den Knien reicht, mit großem Dekolletee und freiem Rücken. Sie tanzen eng umschlungen, hochkonzentriert und angespannt. Sie hat die Augen geschlossen. Da erwachen sie aus der träumerischen Versenkung, schieben sich voneinander weg, tänzeln lauernd umeinander herum, nähern sich wieder. Dann reißt er sie an sich, um in völliger Harmonie mit ihr dahingleiten zu können. So etwas hat Steffen noch nicht gesehen, es ist die vollkommene Hingabe der tanzenden Körper an die Musik.

„Und, habe ich dir zu viel versprochen? Du müsstest Ernesto erst mit einem Mann tanzen sehen. Aber das macht er nur im ganz kleinen Kreis. Nicht jeder mag das."

Mit den letzten Takten sinkt die Tänzerin in den Arm ihres Partners, er aber schleudert sie zurück und sie geht mit einer Pirouette auf Abstand. Sie halten sich nur noch locker an den Händen, als sie sich verbeugen.

Die Musik setzt wieder ein, einzelne Paare beginnen zu tanzen. Mareike nimmt ihn an der Hand: „Komm, wir tanzen."

„Ich kann nicht, das ist keine gute Idee." Er hat Angst, sich zu blamieren.

Sie führt ihn auf die Tanzfläche und legt ihren Kopf an seine Schläfe: „Es geht, überlasse mir die Führung." Ihr Unterleib presst sich gegen seinen, ihre rechte Hand verkrallt sich in seinen Oberarm, die andere umfasst seine linke und plötzlich bewegen sie sich. „Hör nur auf die Musik." Sie hat ihn wie im Schraubstock, er folgt den schleichenden Schritten nach vorne, auf die Seite, nach hinten, und plötzlich eine Drehung. Nach einiger Zeit gibt es nur noch die Musik, die aufreizt und quält, die Mut macht und in Melancholie verfallen lässt, die Leidenschaft und Tod zusammenrückt. Mit dem Knie spürt er die Hitze ihres Schosses. Als er sie küssen will, schiebt sie ihn von sich, dreht sich um sich selbst und landet schließlich wieder in seinem Arm, ihm mit geschlossenen Augen die Lippen anbietend. Kaum berührt er sie, ist sie schon wieder weg von ihm, nur durch die Hand verbunden, die er festhalten muss, damit sie ihm nicht entgleitet. Ihm gefällt das Spiel und er übernimmt immer öfter die Führung. Sie umschleichen und umwerben sich, wollen sich leidenschaftlich umarmen, den Körper des anderen spüren, sich ineinander verbeißen, doch immer kurz vor dem Eklat kommt die Abkühlung und das Spiel beginnt von vorne.

Als Ernesto erneut auftritt, schauen sie eng umschlungen zu und können kaum erwarten, selbst wieder auf die Tanzfläche zu gehen. Irgendwann geht Mareike auf die Toilette, er fühlt sich alleine gelassen. Die vielen attraktiven Frauen im Raum bedeuten ihm nichts. Für ihn gibt es nur noch: rote Locken, weiße Haut, grüne Augen und einen Duft, der ihn verrückt macht.

Als sie endlich auftaucht, nimmt sie ihn bei der Hand und zieht ihn wortlos hinaus und die Treppe hoch. Plötzlich hat sie einen Schlüssel in der Hand, den sie in eine Wohnungstüre steckt. Es gelingt ihr aber nicht aufzuschließen.

„Lass mich mal." Er nimmt den Schlüssel und probiert es selbst. Er passt nicht. Da fällt er ihm aus der Hand und purzelt mit lautem Geklirr die Treppe hinunter. Wo ist er liegen geblieben? Unten auf dem Treppenabsatz steht seine Frau Hanna mit weit aufgerissenen Augen, Paul an der einen und Laura an der anderen Hand. „Papa", rufen die beiden wie aus einem Mund.

Entsetzen packt ihn. „Mein Gott, was mach ich hier?"

In dem Moment fühlt Steffen eine Hand auf der linken Schulter. „Hallo, geht es Ihnen nicht gut?"

Er schaut hoch, vor ihm steht eine Frau mit Kopftuch und langem Kleid. Erschrocken rutscht er näher zum Fenster des Zugabteils. Grüne Augen schauen ihm prüfend ins Gesicht. Langsam nimmt sie die Hand, die nach Meer und Zitrusfrüchten duftet, von seiner Schulter. „Ich wollte Sie nicht erschrecken, Sie müssen eingeschlafen sein. Aber Sie haben so fürchterlich gestöhnt. Ich dachte, sie haben einen Albtraum."

In dem Moment verlangsamt der Zug seine Fahrt. Draußen sind schon die Bahnsteige zu sehen und durch den Lautsprecher tönt die Ansage: „Heidelberg Hauptbahnhof, Heidelberg Hauptbahnhof".

Schnell greift Steffen nach der Tasche, steckt den Laptop ein, der auf dem Sitz gegenüber liegt, und eilt zur Tür. Draußen schaut er zurück zum Abteil. Die Frau mit Kopftuch steht am Fenster und hebt die Hand zum Gruß. Ein furchtbarer Schmerz packt ihn. Ob er jemals wieder so tanzen wird?

Mensch-Werdung

(2009)

Stunde Null: Die kleine Larina schreit sich die Seele aus dem Leib, weil sie das warme Paradies verlassen musste, in dem es alles gab, was sie zum Leben brauchte. Vom Papa, der sie ganz vorsichtig auf dem Arm hält, will sie noch nichts wissen. Zufrieden ist sie erst, als sie an der Brust der Mama liegt und deren Herz schlagen hört.

1. Geburtstag: Alle machen „eidadei" und wedeln mit Bären, Puppen, Rasseln und noch ein paar Sachen vor ihrem Gesicht herum. Die vielen Leute machen sie ganz durcheinander und sie weint. Die Oma behauptet, dass das Kind ganz der Papa wäre. Alle nicken, keiner glaubt es.

2. Geburtstag: Larina kommt aus dem Staunen nicht heraus. Papa, Mama, Oma, Opa, Onkel, Tante, alle bringen Geschenke. Das macht Spaß. Als Papa sie abends ins Bett bringt, ist sie noch immer sehr aufgedreht, aber auch sehr glücklich.

3. Geburtstag: Im Kindergarten singen alle ein Lied für sie. Mittags zum Kaffee kommen Oma und Opa und bringen einen Puppenwagen als Geschenk. Larina geht heimlich damit auf die Straße und spaziert den Gehweg entlang, jetzt ist sie auch eine Mama. Am Abend klettert sie ihrem Papa auf den Schoß und drückt ihn ganz fest.

4. Geburtstag: Sie bekommt so viele Geschenke, dass Mama am nächsten Tag einen Teil davon wegräumt. Die vielen nassen

Küsse, die Onkel und Tanten ihr auf die Backe drücken, mag sie nicht. Können die sich nicht ein eigenes Kind bestellen?

5. Geburtstag: Mit den anderen Kindern backt sie Matschkuchen, spielt Fangen und lässt Luftballons platzen. Die Mütter klagen inzwischen einander ihre Sorgen. „Mehr als ein Kind kann man in der heutigen Zeit nicht mehr großziehen", sind sich die meisten einig. Dass sich Larina zum Geburtstag ein Brüderchen gewünscht hatte, kommt nicht zur Sprache.

6. Geburtstag: Das schönste Geschenk bekommt sie von Anne-Marie, ihrer besten Freundin, ein Armband mit glitzernden Glasperlen. Larina mag ihre Freundin sehr gerne, aber am liebsten hat sie ihren Papa. Wenn sie mal groß ist, wird sie ihn heiraten.

7. Geburtstag: Jungen lädt sie in diesem Jahr nicht zum Geburtstag ein, weil die immer so frech sind. Vor Kurzem hat ihr René aus der Nachbarschaft sogar einen Lehmklumpen nachgeworfen. Opa bewundert Larinas Schreibheft, vor allem die Bilder, die sie neben die Sätze malt.

8. Geburtstag: Dieses Jahr gehen nicht alle Wünsche in Erfüllung. Hauptsache, das Handy ist dabei. Die Erwachsenen verstehen nicht, warum sie von einer Ecke des Wohnzimmers zur anderen mit ihrem Cousin David telefoniert, aber Erwachsene verstehen eh nicht alles.

9. Geburtstag: Hauptthema ist, in welche Schule Larina nach der vierten Klasse gehen soll. „Für mich kommt nur das Gymnasium in Frage", sagt ihre Mutter. „Die soll mal etwas Richtiges werden", sagt die eine Oma, „Ärztin oder Rechtsanwältin", meint die andere. Dass die Noten in Deutsch und Mathematik nicht so besonders gut sind, was soll's, wofür gibt es Privatschulen?

10. Geburtstag: Alle wollen wissen, wie es ihr in der Schule gefällt und ob sie gute Noten hat. Der Opa spricht sogar Englisch mit ihr. Larina sagt aber nur, dass die Lehrer am Gymnasium „alle blöde sind". Als der Besuch gegangen ist, schließt sie sich in ihrem Zimmer ein und weint, weil ihr die alten Freundinnen fehlen, vor allem Anne-Marie, die jetzt in die Realschule geht.

11. Geburtstag: „Ich sorge schon dafür, dass sie nicht so schnell einen Freund hat", gibt Papa von sich, als Oma bewundernd feststellt, dass Larina eine junge Dame geworden sei. Diese denkt: „Was die reden." Sie kann sich überhaupt nicht vorstellen, etwas mit einem Jungen anzufangen, „die sind doch alle doof."

12. Geburtstag: Das ist vielleicht eine Feier. Die beiden Großelternpaare reden nicht miteinander. Die Patentante kommt erst gar nicht und Onkel Heinz erzählt nur blöde Witze. Den ganzen Tag wartet Larina auf ihren Vater. „Wenigstens telefonieren könnte er", denkt sie. „Der ist mit seiner Freundin beschäftigt", brummt Oma.

13. Geburtstag: Mama hat Kuchen gebacken und ihre Eltern eingeladen. Die Patentante, Mamas Schwester schaut kurz vorbei, sonst kommt niemand, auch nicht Papa. Immer hatte er gesagt, sie wäre sein Liebling, und jetzt lässt er sich nicht blicken! Ob er mit ihr böse ist, weil sie sich in letzter Zeit öfter mit Jungen unterhält?

14. Geburtstag: Sie bekommt ein Paket mit den alten Kinderbüchern von Papa. In seinem Brief steht, dass es bei dem hohen Unterhalt für sie für mehr leider nicht reicht. Richtig schön wird es am nächsten Tag. Da trifft sich Larina im Stadtpark mit ihren Freundinnen aus der Klasse und gibt Cola und Zigaretten aus. Zufällig kommt René mit einem Freund vorbei und gratuliert ihr auch. Wie der sich verändert hat, richtig sympathisch ist er geworden.

15. Geburtstag: Am Dienstag hat sie Geburtstag und am Samstag darauf ist sie bei ihrem „Vadder". Papa sagt sie nicht, sie ist schließlich kein Kind mehr! Als Geburtstagsgeschenk geht er mit ihr Pizza essen. Den ganzen Abend stellt sich Larina vor, ihre Freundinnen würden sie so sehen und denken, sie hätte mit einem älteren Mann ein Rendezvous. Sie findet, dass ihr Vater trotz seines hohen Alters von 43 Jahren recht gut aussieht. Die blöde Kuh Elvira, seine Lebensgefährtin, hat ihn überhaupt nicht verdient.

16. Geburtstag: Zu ihrem Vater geht sie nur, um den Zuschuss für den Motorroller abzuholen. Dort interessiert sich eh keiner für sie. Alle scharwenzeln um den kleinen Schreihals, ihren Stiefbruder herum. Larina ist sauer und überlegt, mit wem von ihren Bekannten sie sich verabreden soll: „Vielleicht mit Bastian, der ist in letzter Zeit richtig cool." Aber Andreas aus der Parallelklasse gefällt ihr auch. Und dann ist da noch Theo aus ihrer Straße. Der schaut immer so komisch, ob der Absichten hat?

17. Geburtstag: In der Garage von Theos Eltern darf sie eine Geburtstagsfete feiern. Sie hätte nicht gedacht, dass Mama das erlaubt. Beim Gratulieren wird sie von allen Jungs geküsst, kein schlechtes Gefühl. Ganz zum Schluss bringt Theo sie nach Hause. Darüber braucht aber niemand etwas zu wissen.

18. Geburtstag: Der fällt auf einen Samstag und ist ziemlich stressig. In aller Frühe, so um elf Uhr, muss sie beim Vater den Zuschuss für das neue Auto abholen. Sie bleibt länger als geplant, weil sie sich zum ersten Mal mit Elvira richtig gut unterhält. Dann muss sie auch noch bei den Großeltern vorbei. Das nächste Mal wird sie sie wieder zum Geburtstag einladen, wer weiß, wie lange die noch leben. Richtig gemütlich wird es erst, als alle gegangen sind und sie sich mit Theo auf ihr Zimmer zurückzieht.

19. Geburtstag: In diesem Jahr läuft alles schief. Theo hat gerade mit ihr Schluss gemacht. Ihr Vater ist arbeitslos geworden und kann ihr kein Geld für neue Klamotten geben, die sie unbedingt gebraucht hätte. Ihre Mutter ist zum ersten Mal nicht da, weil sie die Liebe ihres Lebens kennengelernt hat und gerade mit ihm wandern geht. Aus lauter Verzweiflung lernt Larina bei Martin Mathematik, damit sie nicht auch noch durchs Abitur fällt. Wenn er nur nicht so viele Pickel hätte, würde ihr das Lernen viel mehr Spaß machen. Am Schluss besaufen sie sich und heulen gemeinsam über das Elend der Welt.

20. Geburtstag: Das erste Mal feiert Larina wie sie will und mit wem sie will. Zu sechst sitzen sie eng gedrängt in ihrer Studentenbude in Mannheim und trinken alles Mögliche durcheinander. So entgeht sie den Fragen des Vaters nach der Mutter, muss deren Ärger nicht aushalten, wenn die Fete zu Hause steigt und den Großeltern nicht zum x-ten Mal erläutern, dass man mit einem Examen in Sozialpädagogik durchaus einen Job findet.

21. Geburtstag: Markus ist ihre große Liebe. Nach dem Examen geht er in den Entwicklungsdienst. Sie begleitet ihn, auch wenn sie noch nicht fertig ist. „Man muss doch den Menschen in Afrika helfen, den Aidskranken und den Kindern, das ist das Allerwichtigste", erklärt Larina bei der Feier, die ihre Mutter wieder ausgerichtet hat. Als sie am Abend mit Markus alleine ist, stellt sie enttäuscht fest: „Meine Verwandtschaft ist von meinen Plänen nicht begeistert." Der tröstet: „Das ist halt sattes Bürgertum."

22. Geburtstag: Larina kann es kaum fassen. Ihre Mutter hat den Vater mit seiner Frau und dem Kleinen eingeladen. Der ist richtig goldig und krabbelt ihr dauernd auf den Schoß. Die Großeltern sind auch gekommen und reden wieder miteinander. Es wäre wunderschön gewesen, wäre Markus nicht kurz vorher nach Afrika gegangen – ohne sie.

23. Geburtstag: Weil sie ihr Examen bestanden hat, bekommt sie von den Großeltern zusammen eine Woche Cluburlaub in Mallorca geschenkt. Beim Nachtessen im Hotel plagt Larina das schlechte Gewissen. Dass ihre Mutter ausgerechnet heute, an ihrem Geburtstag, alleine zu Hause sitzt, hat sie nicht verdient. Der volksliedsingende Wanderer tröstet sie auch nicht mehr. In diesem Moment kommt der Kellner mit einer Torte mit brennenden Kerzen an den Tisch, der Geschäftsführer überreicht ihr einen Blumenstrauß. Und dann wird es doch noch ein lustiges Fest, vor allem, weil zwei junge Männer in ihrem Alter mit am Tisch sitzen.

24. Geburtstag: Larina sitzt im Speisesaal des Kinderheimes, in dem sie arbeitet. Auf dem Schoß Paula, das Nesthäkchen. Die vier größeren Kinder stehen um sie herum und beobachten gespannt, wie sie ihre Geschenke auspackt. Eric geht in die erste Klasse, er hat ihr ein Bild gemalt, die neunjährige Melanie einen Topflappen gehäkelt, der dreizehnjährige Sebastian einen Wiesenstrauß gepflückt und der sechzehnjährige Friedrich hat von seinem Taschengeld ein Buch gekauft. Ausgerechnet heute kam ein neues Kind dazu, Larina nimmt die kleine Miriam aus dem Wagen. Die drogenabhängige Mutter durfte sie nicht behalten und von den Verwandten wollte sie keiner haben. „Hier kannst du bleiben", lacht Larina leise. Als das kleine Mädchen aufhört zu weinen und sie mit ihren großen Augen anschaut, erfasst sie ein wunderschönes Glücksgefühl. Ob sie vor 24 Jahren auch so ein süßer Spatz war? Und sie muss unwillkürlich an ihre Mutter denken, sie wird sie auf jeden Fall heute noch einmal anrufen.

Anton Ottmann

Die Pariserin
und 15 andere Geschichten über die Liebe

Lindemanns Bibliothek

ANTON OTTMANN

Weihnachten ist jedes Jahr
und andere Geschichten zum Heiligen Abend

Lindemanns Bibliothek

Die Frau aus St. Petersburg, die Hure Carla, ein Justizdirektor a.D., Opa Moosmann ... sie alle tun das Gleiche: sie lieben. Sie tun es in jungen und in alten Tagen, heute, morgen, hier und da, und sie machen Luftsprünge dabei oder solche zur Seite. 16-mal hat sich Anton Ottmann diesem unendlichen Phänomen gewidmet. In vielen Facetten blitzt sie durch seine lebendig geschriebenen Geschichten, die uns oft als Spiegel erscheinen: die Liebe.

Paperback, 268 Seiten
€ 12,80, ISBN 978-3-88190-360-8
Lindemanns Bibliothek
Band 5

Weihnachten ist jedes Jahr ... doch nicht jedes Weihnachtsfest gleicht den anderen. Seit Jahrhunderten schon leuchtet vor allem ein Thema zur Weihnachtszeit besonders hell: die Menschlichkeit. Sie ist der rote Faden, der sich durch alle Geschichten zieht. Hier heiter und unbeschwert, dort melancholisch und nachdenklich schildert Ottmann die anrührende Freundschaft zwischen einem Obdachlosen und einem Jungen aus gutem Hause, das alljährliche Problem des Geschenkekaufs, den Umgang mit dem allgegenwärtigen Familienstress an den Festtagen ... in Kriegszeiten und auf den Kanaren.

2. Auflage
Paperback, 120 Seiten
€ 9,80, ISBN 978-3-88190-460-5
Lindemanns Bibliothek
Band 37

www.anton-ottman.de